LA PRÉDOMINANCE DU CRÉTIN

DES MÊMES AUTEURS
traduit en français

LA SAUVEGARDE DU SOURIRE, Arléa, 1989.
LA FEMME DU DIMANCHE, Le Seuil, 1973
Collection « Points roman », 1984.
LA NUIT DU GRAND BOSS, Grasset, 1980.
JE TE TROUVE UN PEU PÂLE, Le Seuil, 1982.
PLACE DE SIENNE, CÔTÉ OMBRE, Le Seuil, 1985
Collection « Points roman », 1987
L'AMANT SANS DOMICILE FIXE, Le Seuil, 1988.
LA SIGNIFICATION DE L'EXISTENCE, Arléa, 1988.
LA CHOSE EN SOI, Arléa, 1989.

DE FRANCO LUCENTINI

RUINES AVEC FIGURES, Le Seuil, 1975.

CARLO FRUTTERO & FRANCO LUCENTINI

La Prédominance du crétin

TRADUIT DE L'ITALIEN
PAR JEAN-CLAUDE ZANCARINI

ARLÉA

Titre original :

LA PREVALENZA DEL CRETINO

Sommaire

III

POUF POUF, OU DE L'AUTOCRITIQUE

IV

FIER CONNARD ET AUTRES PROPOS

V

EST-IL CON ? EST-IL MÉCHANT ?

VI

UBU A L'EST

VII

TROIS HISTOIRES DE FEMMES

VIII

LE PAS DE M. TESTE

PRÉFACE A L'ÉDITION FRANÇAISE

Tout quotidien italien publie chaque jour, sur les sujets les plus variés, une espèce de feuilleton qu'on appelle elsevier *(à cause des caractères typographiques qui le distinguaient autrefois) ou plus simplement « article de troisième », du fait qu'il occupe généralement les deux ou trois premières colonnes de la troisième page. Pour remplir ces centaines de colonnes annuelles, chaque journal fait appel pratiquement à n'importe qui, en lui demandant d'écrire pratiquement n'importe quoi.*

C'est ainsi qu'en 1972 le quotidien turinois La Stampa *nous fit un contrat pour la fourniture de deux articles mensuels, en nous laissant tout à fait libres quant aux choix des sujets. Et c'est ainsi qu'après quinze ans, à raison de vingt-quatre articles par an, nous nous trouvâmes à la tête d'exactement trois cent soixante articles, pour un total d'environ cinq cents pages. Qu'en faire?*

Pendant un moment nous jouâmes avec l'idée d'en tirer un roman historique, ou de mœurs, en plusieurs volumes. Plus raisonnablement, Mondadori, notre éditeur, nous encouragea à en faire un choix pour le publier dans sa collection d'essais. Il estimait que le recueil pouvait se vendre assez bien, surtout avec un titre un peu vivace.

Nous nous mîmes donc à la tâche, mais avec des perplexités croissantes au fur et à mesure de la relecture. Que de déchet, que de textes tout à fait périmés, même parmi ceux qu'à l'époque nous avions jugés le mieux réussis!

De temps à autre quand même, toutes jaunies qu'elles étaient, certaines de ces coupures nous apparaissaient moins éphémères. Tels les articles (une douzaine en tout, qu'on trouvera réunis à la fin du livre) qui nous avaient été inspirés au fil des années par ce que Borges appelle « l'éparse communauté des justes ». Telles les trois histoires de femmes de l'avant-dernier chapitre, où se résume, dialectiquement, notre pensée sur un thème des plus scabreux.

Tels aussi des textes que nous mettions peu à peu de côté avec la mention « assez actuel », « actuel » ou même « très actuel », mais qui, du moins à première vue, portaient sur des sujets et problèmes trop divers pour être classés sur-le-champ.

A la fin, nous nous retrouvâmes avec un bon nombre de ces textes hétérogènes, dont une deuxième relecture nous confirma qu'ils n'avaient pas trop perdu d'actualité. Dans certains cas, ils n'en avaient pas perdu du tout. Dans d'autres, ils en avaient même gagné. Leur relecture, d'autre part, nous montra qu'ils n'étaient pas si disparates, si hétérogènes que ça. Sous leur diversité apparente, au contraire, ils semblaient cacher une très substantielle unité de fond. Nous finîmes ainsi par découvrir qu'ils se reliaient tous à un seul problème, quoique immense : celui de la bêtise. Et à un seul sujet, aux visages innombrables : le crétin.

Le titre que nous avons donné à ce livre reflète donc, avant tout, la prédominance du sujet en question dans le livre lui-même. Mais peut-on dire qu'il correspond également à une prédominance réelle, objective, du crétin dans le monde contemporain?

Il nous paraît que oui. Il ne nous semble pas exagéré d'affirmer que nous vivons aujourd'hui sous le règne de la bêtise, celle-là même dont Baudelaire et Flaubert, les premiers, enregistrèrent de façon obsessionnelle et inégalable le grand essor au dernier siècle. Pour d'autres, notre époque paraît dominée par des ombres en quelque sorte plus nobles : l'égoïsme, le fanatisme, la cupidité, l'irreligion, l'amoralité, l'ambition, l'hédonisme, la férocité. Ce sont là des vices à la sonorité classique, biblique, qu'il nous semble difficile d'attribuer de façon plausible à cette ère définie « bassement romantique » par un poète.

Des chaînes peu intéressantes de causes et d'effets technologiques, diététiques, politiques, thérapeutiques expliquent la prolifération exponentielle de la bêtise. Fille du progrès, de l'idée de progrès, elle ne pouvait que se développer dans toutes les directions, contaminer toutes les classes, prendre le dessus dans toutes les branches de l'activité humaine.

C'est grâce à des progrès de toutes sortes que le stultus, le « sot » encore contrôlable de l'Antiquité, s'est transformé en l'indomptable crétin contemporain, personnage au taux de mortalité extrêmement bas et dont la force est, par conséquent, avant tout numérique. Mais une société qu'il se plaît à nommer « très complexe » lui a ouvert d'innombrables interstices, crevasses, fissures horizontales et verticales. Elle lui a procuré à droite comme à gauche d'innombrables fauteuils, chaises, tabourets, strapontins, téléphones. Elle a mis à sa disposition de bruyantes tribunes, des multitudes inouïes de disciples et beaucoup d'argent. Elle a en somme multiplié prodigieusement ses occasions d'agir, d'intervenir, de parler, de s'exprimer, de se manifester. En un mot (qui lui est cher) de « se réaliser ».

Le vaincre est, à l'évidence, impossible. Le haïr est inutile. Dérision, sarcasme, ironie n'égratignent pas sa cuirasse d'inconscience, ses auto-absolutions impavides (pour lui, le crétin est *toujours « l'autre »). Et le rire, en tout cas, lui apparaît* a priori *suspect, inconvenant, « inférieur », même lorsque – phénomène ahurissant – il s'y abandonne lui-même.*

Pour ses victimes minoritaires, un ouvrage comme celui-ci ne peut donc repésenter qu'un modeste, temporaire soulagement. Ni dénonciation, ni revanche, ni vengeance, mais témoignage stoïquement hilare, comme un insouciant haussement d'épaules, un geste extrême de réaction quand les bras sont près de tomber.

Ordonné en huit chapitres, le livre ne suit pas la succession chronologique des écrits, mais tente plutôt une distribution horizontale de la vaste matière : le crétin à l'école, le crétin en voyage et en vacances, le crétin mass-médiatisé, le crétin intellectuel, le méchant en tant que crétin (et vice versa), le crétin à l'Ouest, à l'Est, etc.

Le chapitre réservé aux femmes nous a amenés, entre autres, à cette curieuse découverte sémantique que dire d'une femme « c'est une crétine » n'a pas, mystérieusement, la même signification globale et irrévocable que dire d'un homme « c'est un crétin ». C'est peut-être que les femmes, bien plus intéressées aux histoires particulières qu'à l'Histoire avec majuscule, se sont moins laissé prendre au mythe abêtissant du Progrès.

Enfin, puisque prédominance ne signifie pas (encore) domination absolue, le dernier chapitre est dédié aux « justes » déjà mentionnés. Il rend hommage à quelques-uns de ces isolés qui, de diverses façons, en des temps et des pays divers, se sont battus et se battent encore contre l'ennemi commun; aux tristes et lucides capitaines, aux compagnons épars et précieux d'une résistance que – malgré tout – il faut bien faire.

F. & L.

I

A L'ÉCOLE ET EN VACANCES

Rédaction : les sujets de rédaction. La Sortie scolaire. Les convois des ponts fériés. Le train aux sept péchés. Ulysse reste chez lui. Cœur de touriste. Vacances d'élite.

RÉDACTION : LES SUJETS DE RÉDACTION

LES Pléiades se couchent, les générations passent, mais les sujets de rédaction ne varient pas; le même gémissement de désespoir, le même murmure d'impuissance continue à s'élever des bancs (naguère en bois, aujourd'hui en plastique) alignés dans les salles de classe : « J'sais pas quoi dire ! »

Pendant les années de la contestation, et pas seulement en Italie, on a tenté diverses voies. Des compositions collectives auxquelles chacun participait par une idée, un mot, une virgule; des collages d'inspiration vaguement dada-montessorienne, avec des titres de journaux découpés; des mots sur des bandes de papier, en vrac, que l'écolier devait « structurer » selon sa sensibilité sa fantaisie; et puis, bien sûr, les enquêtes et les travaux « de groupes », terreur de milliers de mamans, papas, grand-mères, tantes.

Les plus braillards et les plus ingénus parmi les novateurs tombèrent dans le piège du contenu; on n'en a rien à foutre de Dante, c'est Gramsci qui nous intéresse. Comme si les *Lettres de prison* ne provoquaient pas, chez le malheureux cloué devant sa page blanche, la même paralysie abjecte, la même perplexité abattue qui afflige le jeune exégète de la *Divine Comédie.*

En vérité, les divers réformateurs et exprérimentateurs, ceux des ministères comme les babas barbus, furent tous victimes du même préjugé inconscient selon lequel écrire ne serait pas vraiment compliqué, au fond; ce serait comme lire et même, carrément, comme parler; aussi suffit-il de connaître les mécanismes élémentaires de la langue, quelques centaines de mots pour exprimer avec une précision exquise ce qu'on a dans la tête.

Les autres arts ne se prêtent pas à semblables illusions et gardent brutalement leurs distances : dans le public qui se presse pour le concert de Rostropovitch, ou l'exposition de Picasso, le pourcentage de ceux qui savent tenir un archet ou un pinceau est bien faible; tandis que tous les lecteurs de Manzoni, tous sans exception, savent manier matériellement la plume plus ou moins comme lui, et cela lui procure la sensation, non pas, bien entendu, d'être Manzoni, mais quand même, de piocher eux aussi, en bordure du même champ, de ne pas en être exclus par des ravins infranchissables.

C'est peut-être de cet antique aveuglement (signalé avec férocité par Kraus voilà déjà de nombreuses décennies) que naissent les sujets de rédaction qui sont toujours, d'une façon ou d'une autre, tellement difficiles, tellement épineux qu'ils donneraient la tremblote à n'importe quel écrivain professionnel.

Aux enfants de nos amis qui nous demandent conseil, nous recommandons en général de choisir les sujets « de cours », dont nous avons constaté le retour avec un vrai soulagement. Ce sont les plus inoffensifs, les plus fonctionnels, et en réalité les moins coercitifs, les moins sournois pour les élèves. Seuls des esprits immensément obtus ont pu considérer ces honnêtes contrôles, ces ternes péages d'autoroute, comme un ennemi à abattre. Avec un minimum d'application et de mémoire, n'importe qui est capable de reproduire en bon ordre sur une feuille un certain nombre d'opinions d'autrui sur la Renaissance, la Révolution française, Cavour, Lénine, les poètes romantiques et la Première Guerre mondiale. L'important, c'est de ne pas oublier qu'il s'agit, dans tous les cas, de questions ouvertes, controversées, incroyablement compliquées, sur lesquelles un adolescent ne peut pas, et surtout ne *doit pas* « avoir une opinion personnelle ».

Malheureusement, l'école fait tout pour brouiller les cartes en formulant les sujets comme si l'écolier était appelé à rédiger un mémoire pour un congrès de spécialistes. Préambules longs et solennels, phrases entortillées et menaçantes, et, pour finir, le coup de canon du sujet proprement dit. Alors qu'il faudrait dire : « Tu ne sais pas grand-chose sur la polémique autour du Vérisme, et tout ce que tu sais est de seconde ou de troisième main. Nous voulons simplement vérifier si tu as au moins compris les termes du débat et si tu as en tête quelques dates, quelques titres et les points de vue de deux ou trois spécialistes qui ont passé des années à s'en occuper. Si tu te permets d'utiliser des expressions comme " d'après moi " et " à mon avis ", tu seras recalé d'office. »

Qu'ils soient paresseux ou terrorisés par les formulations grandiloquentes et absconses du sujet d'histoire et de littérature, de nombreux lycéens préfèrent cependant le sujet dit « libre » ou « d'invention » et s'exposent ainsi à des dangers mortels. Car ils affrontent alors avec une inconscience aveugle et des moyens d'expression rudimentaires (mais personne ne les a mis en garde) rien de moins que la prose d'art, le petit poème en prose, le billet littéraire.

« Le printemps est parmi nous »; « Vous décrirez les impressions et les sentiments que la vue de la mer suscite en vous »; « Mon meilleur ami » sont des sujets qui, sous une apparente facilité, cachent un défi aux maîtres de l'image fulgurante, de l'adjectif lapidaire, de l'analyse psychologique minutieuse.

Ce qui se présentait comme une échappatoire se révèle bien vite un piège : le malheureux en est réduit à racler le fond de sa pauvre culture littéraire, d'où il ne peut tirer que gazouillis d'oiseaux, fleurs écloses et bouillonnement d'écume. Mais la banalité, qui dans le sujet de cours était en fait considérée comme une qualité, devient ici une faute. L'enseignant lit ces images rabâchées, ces lamentables déchets, ces tentatives malhabiles, et il sent poindre en lui, qu'il le veuille ou non, des comparaisons meurtrières avec D'Annunzio et Mallarmé, Melville et Proust. Irritation et découragement le poussent à la sévérité : comment se peut-il que ce petit crétin ne sache rien tirer d'autre d'un inséparable camarade de jeu, d'une balade en Sardaigne! Et l'imprudent rentre chez lui avec une appréciation désastreuse.

Reste le sujet « de rhétorique » ou « d'actualité », mise au goût du jour des sujets d'autrefois sur la clairvoyance du Duce, la Victoire du Quatre-Novembre, l'Empire d'Abyssinie, l'orgueil d'être *Balilla*[1]. Le thème précis est sans importance; il peut porter indifféremment sur le tremblement de terre, la drogue, la propreté des villes, la faim dans le monde, la peine de mort; il s'agit seulement de vérifier le degré de conformisme de l'élève. Si ce dernier prenait au sérieux l'invitation à s'exprimer

1. Mouvement des jeunesses fascistes, jusqu'à douze ans. *(N.d.T.)*

librement et écrivait, par exemple, qu'il a considéré le tremblement de terre comme un spectacle grandiose, que tout ce tiers monde mal nourri ne lui fait ni chaud ni froid, qu'il rêve d'assister à une belle pendaison publique, il irait au-devant de sérieux désagréments.

Mais une fois ce point éclairci, il pourra affronter cet exercice de rhétorique sans risques ni efforts excessifs, car il suffit de lire un peu les journaux et de regarder un peu la télévision (ce qui sert déjà à *démontrer* une louable « prise de conscience » des problèmes contemporains) pour rédiger un texte acceptable. Ici, la banalité est à nouveau de rigueur; toutefois, il est conseillé de lui imprimer un mouvement dialectique du genre : les usines polluent / mais par ailleurs elles font vivre beaucoup de monde / quoi qu'il en soit l'Homme saura certainement trouver une solution.

En tout cas, il est essentiel de garder à l'esprit qu'il s'agit d'un test sur « les bons sentiments » : compassion pour les faibles, solidarité avec les opprimés, indignation envers les tyrans, réprobation envers les riches oisifs et corrompus, haine envers la violence et la guerre, amour de la paix et du travail, confiance dans la démocratie et l'avenir, non sans la conscience virile des difficultés à affronter.

Toutes ces formules moralistes seront donc profitablement introduites dans le développement pour culminer dans l'indispensable *conclusion* finale, au ton responsable et réfléchi.

Le meilleur entraînement à ce genre d'exercice reste la lecture ou à la relecture de *Cuore*[1], les matériaux émotifs n'ayant pas bougé depuis.

1. Ecrit en 1886 par un « socialiste modéré », Edmondo De Amicis, ce livre du genre édifiant-larmoyant est resté longtemps une lecture presque obligatoire pour la jeunesse italienne. *(N.d.T.)*

L'élève pourra aisément pourvoir aux transpositions évidentes en substituant aux lieux communs du siècle dernier ceux qui sont en vigueur de nos jours; seringue du drogué, au lieu de bouteille de l'alcoolique; camarade handicapé, au lieu de camarade tuberculeux; commémoration syndicalo-résistante, au lieu de militaro-patriotique; main chaleureuse du président de la République, au lieu de main chaleureuse d'Humbert Ier, et ainsi de suite.

Quant à manier la langue avec désinvolture et élégance, inutile de songer désormais à l'apprendre à l'école. Il faudrait des réformes drastiques et, en premier lieu, la suppression du téléphone et le retour à la carte postale primaire de Varazze : « Chère maman, je t'écris pour te faire savoir que... »

Par ailleurs, le téléphone est devenu un instrument indispensable de la vie moderne.

Quoi qu'il en soit, l'Homme saura certainement trouver une solution.

LA SORTIE SCOLAIRE

SAUF, peut-être, les animaux des fables de La Fontaine, personne n'a jamais été aussi bon que les Italiens dans l'art d'inventer de nobles prétextes pour éluder ses devoirs et en faire à son aise. La Sortie scolaire, en ce sens, est un réel chef-d'œuvre.

Parents, enseignants, experts en statistiques, ministres, petits vieux nostalgiques du bon vieux temps, tous répètent du haut des chaires publiques et privées qu'en Italie on étudie peu, et peu sérieusement; ils démontrent, chiffres en main, qu'à l'étranger, et cetera et cetera; ils invoquent et promettent pour l'année nouvelle horaires de fer, vacances écourtées, rentrée anticipée, examens prussiens. Puis, après les vocalises, commencent les dérogations : on découvre que le climat du Midi est différent de celui du Nord; on dénonce l'inique Discordance des samedis, fériés pour les parents, non fériés pour les enfants; on agite la nécessité patriotique de fermer les écoles pour économiser le gazole. Il y a les « ponts », interdits mais tolérés (sinon ce serait la ruine des hôteliers), les grèves catégorielles (un droit constitutionnel), les classes de neige (la montagne forme la jeunesse), les élections (fondement de l'ordre démocratique) qui doivent se dérouler dans les salles de classe.

Et quand l'année touche à son terme, quand le temps fait défaut pour révisions, récapitulations, devoirs et interrogations de vérification, voilà que s'impose, comme un *Must* de Cartier, la Sortie scolaire. Elle est justifiée par deux ordres de motivations qui se nient l'une l'autre et qui démontrent une fois de plus combien notre peuple sait allégrement « assumer ses propres contradictions ».

Tout le mécanisme, valable pour de nombreuses contradictions analogues, repose sur le fait que la Sortie scolaire entre dans la catégorie sacrée des initiatives « sociales ». Ce terme d'une élasticité prodigieuse est de ceux devant lesquels il faut mettre chapeau bas, comme au passage d'un enterrement ou de François-Joseph (dont il est d'ailleurs contemporain); on le prononce et on l'écrit avec une sorte de gravité triste et solennelle, en hochant imperceptiblement la tête, et il a le pouvoir de mettre en marche aussitôt trente-six chaînes sémantiques en couleur.

Il suscite avant tout des images à briser le cœur le plus aride; en arrière-plan, subsistent le Londres de Booth et de Jack London, les mines d'Orwell, le Midi des Bourbons; on entrevoit des femmes dépenaillées ivres de gin, des fantômes de mineurs de fond, des paysans dévorés par la malaria, des spectres d'ouvriers devant les portails d'usines sombres et fermées. Au premier plan, de jeunes enfants, garçons et filles, en haillons, sauvages, yeux énormes dévorant un maigre visage, bouches qui réclament du pain, bien sûr, mais surtout des ouvertures culturelles.

Non seulement ils sont analphabètes, en effet, mais ils n'ont jamais vu un coucher de soleil sur la mer, une cathédrale, un tableau, ils ne sont jamais sortis de leur ruelle, de la cour (pleine d'ordures) de leur maison. Que peut-on, ou plutôt, que doit-on faire pour ces déshérités, parmi lesquels se cachent Dieu sait combien de critiques d'art de la taille d'un Berenson, Dieu sait combien de grands poètes, peintres, sculpteurs en puissance? Souvent, c'est de notoriété publique, il suffit de la vue d'une fenêtre géminée à onze heures du matin pour déchaîner une vocation, pour amorcer un talent. Qu'attend-on pour traîner chaque marmot devant sa fenêtre géminée?

Cette série suggestive d'implications (qui efface un siècle d'adoucissement diffus de notre *life-style*, nie les syndicats de l'échelle mobile des salaires, survole cinéma, télé, édition de masse, consommation, oublie le ramassage scolaire, et donne pour accomplie la fameuse fable de Marx sur la paupérisation progressive du prolétariat) est donc de caractère sentimentalo-évocatif, elle a pour fonction, d'une part, de situer la Sortie scolaire dans le climat à la fois ménager et allégorique de la fin du dix-neuvième siècle, parmi les petites institutrices, les engelures, les monuments aux Lumières et les associations de bienfaisance. Mais d'autre part, La Sortie scolaire implique une « socialité » diamétralement opposée, c'est-à-dire efficace, dynamique, hardie, moderne, à la hauteur de l'ère des ordinateurs et des fusées spatiales. Alors, profiter des savoureuses facilités offertes par le progrès, les autoroutes, les « self » des stations-service, les tarifs spéciaux pour les groupes, le réseau hôtelier international, devient un « acte social »; regrouper trente, quarante, deux cents mini-Berenson, bien nourris, vêtus de jeans et de K-ways « sociaux », les faire monter dans un car « social », jaune ou bleu, et les accompagner en de vertigineux périples d'une fenêtre géminée à l'autre devient un « acte social ». La Calabre avec une nuit à Recanati; la civilisation étrusque, avec une halte à Venise; Berlin-Est en trois jours; la Provence, avec un pointe jusqu'à Barcelone; le mont Blanc et les châteaux du Rhin, plus Domodossola.

Les horizons s'élargissent d'année en année, les cars se multiplient, envahissent pistes, placettes, places, contre-allées, les jeunes bénéficiaires se répandent; joyeux et fatigués, parmi cloîtres, façades, monuments, musées.

Mais il suffit de les observer quelques minutes pour constater que leur exubérance a quelque chose d'irréel, que leur réceptivité semble contractée, rognée. Enfermée dans un aquarium portatif, ils se déplacent comme des bancs de poissons; une paroi de verre les sépare du monde extérieur qu'ils voient défiler, déformé et flou devant leurs yeux; à supposer qu'ils le voient.

Car l'impression dernière est qu'ils ne voient rien; que pour eux ce serait exactement la même chose si, dehors, au lieu des palais, nefs, crucifixions, il y avait le désert absolu. Ce qui se passe à l'intérieur du troupeau est la seule chose qui les intéresse vraiment. Glaces, Coca-Cola, goûters, grimaces, chansons à la mode, Luc qui a donné un coup de poing à Françoise. Et, pour ceux qui sont un peu plus grands, cette débile de Françoise qui se mange tout cru ce benêt de Luc, et puis les glaces, orangeades, marques de vélomoteurs, cigarettes, transistors, etc.

S'il y a parmi eux, et statistiquement il doit y en avoir, un gamin auquel les dieux ont accordé l'œil de Berenson et la sensibilité de Montale, cette façon de « prendre contact » avec les chefs-d'œuvre du Génie et de la Nature ne peut manquer de lui ôter de l'esprit toute velléité artistique et culturelle à peine éclose. Traîné à onze heures précises devant sa fenêtre géminée, le malheureux n'éprouvera que faim, soif, chaleur, fatigue; il n'entendra que les cris des camarades, le vrombissement des moteurs; il n'aspirera qu'à rejoindre l'ombre de la pizzeria la plus proche, qu'à remonter dans l'aquarium bruyant du car.

Au retour, il ne lui restera de cette Sortie scolaire qu'un souvenir chaotique et décourageant où toutes les fenêtres géminées vue entre Reggio Calabria et Amsterdam, Trieste et Coimbra, apparaissent en fin de compte interchangeables, identiques. Et si de sa maison, par hasard, on a la vue sur un clocher ancien, il est plus que probable que dorénavant le petit Berenson ne lui réservera plus un seul coup d'œil, fenêtres géminées ou pas.

LES CONVOIS DES PONTS FÉRIÉS

Le pont a été fait
pour l'homme, et non l'homme pour le pont.
Marc, 2, 27

PUISQU'ON demande avec insistance au bon citoyen de démasquer et de dénoncer le fascisme « sous toutes ses formes », nous dirons qu'à l'image de cette époque-là, plus qu'à celle d'une libre république, nous semblent convenir les turbulences vibrantes, océaniques des grands « ponts » d'aujourd'hui. L'atmosphère que nous ressentons n'est pas de fête mais de secrète coercition. Les discours, les projets, les calculs qui précèdent l'immense évacuation collective ont un son à la fois résigné, combatif et rusé. On y va parce qu'il faut y aller, en prenant garde, toutefois, à grignoter un après-midi de plus, à chiper une journée (ouvrable), souvent aux dépens d'un collègue moins manœuvrier, plus « pigeon ».

Pour le reste, tous se fient à la très antique et ignoble capacité nationale à s'auto-exalter, le moment venu, pour une cause dont en réalité on n'a rien à faire; à se laisser entraîner par un enthousiasme postiche et belliqueux : Nous briserons les reins[1] de Varazze, de Cesenatico, de Courmayeur, de Cortina, des Seychelles.

Ce que nous avons sous les yeux est, à l'évidence, une image de guerre. L'essence rationnée (à cause d'une menace de grève) a créé, la veille, dans toute la péninsule, des files impressionnantes d'autos devant les dernières pompes ouvertes; et pendant que les hommes remplissaient les huit millions de réservoirs et de jerricanes, chez elles, conscientes de la gravité de l'heure, les épouses, les mères, les sœurs, les grand-mères, les fiancées d'Italie, entassaient fébrilement valises, paniers, balluchons, sacs, grands cartons ficelés. Pourquoi concéder à tout cela le nom biblique d'exode? C'est une évacuation en masse, rien d'autre, avec ses lentes caravanes de véhicules débordant d'ustensiles et de literie, de bambins en larmes, de vieilles dames avec des palpitations, de chauffeurs aux yeux rougis et aux dents serrées. De terribles trains chauffés à blanc partent avec des retards de convois militaires, bondés de sueur (exaspération, pieds écrasés, coups de coude et de genou) et immédiatement les toilettes sont inabordables, la conquête d'orangeades et sodas provoque mêlées sauvages, abus, abjectes supplications, héroïsmes dignes de la croix de guerre.

La recherche de ravitaillement, de tragique mémoire, est de nouveau parmi nous; on va à Venise se procurer quelques paquets de sel, on cherche de l'huile en Toscane, on s'arrache viandes et jambons, on grappille légumes et vin, on se procure miches et fougasses de pays. Il circule des bruits sur de prodigieuses authenticités alimentaires, des nouvelles sur des fournisseurs sûrs, des

1. « Nous briserons les reins de la Grèce », proclama Mussolini en 1940, en engageant ses « huit millions de baïonnettes » dans la désastreuse opération militaire contre ce pays de six millions d'habitants. *(N.d.T.)*

étables, caves, poulaillers tout à fait dignes de confiance. Les villes sont désertes comme avant les bombardements, et les quelques malades imbéciles ou défaitistes qui y sont restés, vivotent parmi boutiques closes, restaurants fermés, bureaux où un personnel réduit au minimum les traite avec une condescendance alanguie ou rageuse.

Nous ne réussissons pas à trouver, dans ces fuites frénétiques loin du travail, des signes persuasifs d'amélioration sociale, de libération authentique, de progrès de civilisation. Le mécanisme des « ponts », tel qu'il s'est institutionnalisé en Italie sur les piliers des fêtes civiles et religieuses, a le visage d'une dictature qui ne donne rien à personne et qui enlève beaucoup à tous. Mais nous savons bien que rien ne pourra le faire tomber de l'intérieur, qu'aucun sermon, aucune exhortation, table ronde ou enquête sociologique ne pourra convaincre un seul des « évacués » de rester tranquillement chez soi, de se soustraire à l'écrasante rhétorique du bon air, du sable doré, de la friture de calmars et *scampi*.

Nous nous disons que, sans doute, ça ne peut pas durer encore longtemps comme ça, et nous attendons, comme en juillet 1943, un autre débarquement en Sicile qui prendra, cette fois-ci, Dieu sait quelles formes inimaginables. Alors seulement les Italiens s'éveilleront de leur ivresse, ils verront autour d'eux les fortins en carton-pâte et les chars d'assaut en fer-blanc; et, avec le froid réalisme qui est l'envers de leur débilité, ils lèveront finalement les mains en signe de reddition.

LE TRAIN AUX SEPT PÉCHÉS

Le train est arrêté depuis un quard d'heure en rase campagne. Un employé du chemin de fer en semi-uniforme (veste et casquette réglementaires mais chemise à carreaux et jeans) apparaît à la porte du compartiment et nous remet timidement un feuillet : « MM. les Voyageurs sont informés que la marche de ce train est retardée par la cause indiquée au verso. Les *Ferrovie dello Stato* s'excusent pour les inconvénients involontaires ainsi provoqués. » Au dos, les sept « causes » possibles sont énumérées, chacune avec sa petite case. La croix est dans la première case : 1. « Occupation des voies par des personnes étrangères au service. »

Le couple de Français qui voyage avec nous et qui nous demande à voir le feuillet ne comprend pas bien. Qui sont ces personnes, ces *étrangers*? Des Allemands? Des Marocains? Un troupeau de moutons? Nous expliquons qu'il s'agit en général des ouvriers d'une quelconque usine, qui hier encore manifestaient pour travailler moins et qui maintenant manifestent pour travailler davantage. Mais pourquoi arrêtent-ils les trains? Qu'avons-nous à y voir? Rien, mais c'est justement pour nous imprégner l'esprit de leur affaire qu'ils manifestent; pour nous « sensibiliser », obtenir notre solidarité, notre sympathie.

Le couple nous regarde avec scepticisme, puis, histoire de faire passer le temps, s'informe sur les autres « causes » énumérées. 2. « Occupation des voies par des voyageurs. » Celle-ci leur semble encore plus énigmatique. Pourquoi donc les voyageurs se mettraient-ils à arrêter les trains ? Parce qu'ils sont furibonds contre les chemins de fer, exaspérés par les six autres causes de retard. Et qu'obtiennent-ils ? Rien, uniquement ce septième type de retard. Mais ça leur fait du bien de se défouler de temps en temps.

En hochant la tête, les deux Français passent à la case 3. « Causes météorologiques. » C'est-à-dire ? Typhons ? Inondations ? Avalanches ? Tremblements de terre ? Mais non, mais non. Une pluie un peu forte, la foudre, une chute de grêle estivale et tout s'arrête pendant des heures et des heures. Mais, objectent-ils tous deux, stupéfaits, il pleut souvent en France aussi, dans l'Europe entière, et malgré cela les trains roulent normalement ; ils ne sont quand même pas tirés par des chevaux ! Ce n'est pas une raison ! En Italie, c'en est une. Chez nous, quand on part en train, il faut s'informer sur les prévisions météorologiques, scruter attentivement le ciel, et si l'on aperçoit un nuage un peu noir à l'horizon, il vaut mieux rester chez soi.

Et que peuvent bien être les « causes techniques » de la case 4 ? N'est-ce pas un peu vague, un peu général ? Quel mystère y a-t-il là-dessous ? Aucun. La formule n'est pas dictée par la réticence ou la pudeur. Si les *Ferrovie dello Stato* faisaient la liste de tous les incidents techniques qui peuvent avoir lieu, et ont effectivement lieu, à tout moment, sur l'ensemble du réseau, il faudrait un volume, pas un feuillet. Locomotives qui tombent en panne, lignes électriques qui s'écroulent, signaux en court-circuit, wagons qui prennent feu, aiguillages qui se bloquent, on n'en finirait plus. Il vaut mieux une « entrée » unique, synthétique, qui rassemble toutes les innombrables obsolescences et dégradations du matériel, non?

Avec un frisson d'anxiété, nos compagnons de halte nous demandent si les Chemins de fer italiens ne le rénovent jamais, ce matériel? Ils ne peuvent pas, ils ont à peine assez d'argent pour payer les salaires (mais pas les uniformes complets) des cheminots. Mais pourquoi ne pas augmenter le prix des billets, qui, en France, coûtent deux fois plus? Ils ne peuvent pas sinon MM. les Voyageurs indiqués à la « cause » 2 occuperaient les voies en permanence, des Alpes à la Sicile.

La « cause » 5 dit : « Circulation intense ». Et nos amis écarquillent les yeux. La circulation, dans un système sur rails, est programmée et programmable. Ou bien ne le serait-elle pas en Italie, et, à l'improviste, les trains de Gênes, Ancône, Trieste, Naples décideraient-ils de faire un petit tour après dîner, bloquant ainsi le trafic? En pratique, répondons-nous, c'est presque ça, mais ça dépend des causes 1, 2, 3 et 4, qui additionnées toutes ensemble provoquent la 5, c'est-à-dire le chaos total.

Et la 6? « Contrôle extraordinaire de la ligne pour motifs de sécurité ». Ah! voilà une délicate attention bureaucratique, un suave euphémisme pour ne pas effrayer les gens. Que devaient-ils écrire? Pouvaient-ils citer les divers attentats terroristes, les massacres de l'Italicus et de Bologne? Mentionner la présence, réelle ou présumée, de plastic et de dynamite sur les voies? Ce sont des mots qui, imprimés, font une très mauvaise impression à l'usager; voilà qui gâcherait son voyage.

Quant à la dernière « cause », la 7, il s'agit d'un autre euphémisme : « Abstention de travail du personnel ferroviaire ». C'est-à-dire grève. Terme cru, déplaisant, que l'on associe irrémédiablement aux énervants séjours sur des quais battus par les vents et dans l'enfer des salles d'attente, aux correspondances ratées, baisers perdus, mamans mortes sans revoir leur fils parti au loin, affaires tombées à l'eau, argent évanoui en fumée.

C'est comme la liste des sept péchés capitaux, observe, sarcastique, le mari en nous rendant le feuillet, mais que le pécheur impénitent ferait lui-même circuler. Sa femme l'interrompt : oui, c'est vrai, c'est une déclaration d'impuissance, mais quelle candeur, quelle grâce, quelle gentillesse, quel charme exquis ! Il n'y a qu'en Italie qu'on puisse trouver un document administratif de ce genre, qui présente comme des évidences des énormités scandaleuses, honteuses, dangereuses, et qui s'en excuse d'une révérence, en ouvrant les bras. Stendhal en eût été *ravi*. Et d'ailleurs, il n'y a pas grande différence entre ses *Chroniques italiennes* et ce que sous-entend ce feuillet ferroviaire : passions violentes, arrogance, abus, misères, mystères, bandits, sang, insécurité, improvisation, imprévoyance. C'est, au fond, toujours la même Italie : stupéfiante, contradictoire, romanesque, merveilleuse. Stendhal y trouverait matière à sept magnifiques récits, dans ces sept « causes ».

C'est possible. Mais nous ne sommes pas Stendhal, hélas ! Et peut-être ne sommes-nous pas non plus *ravis*.

ULYSSE RESTE CHEZ LUI

« PAPIERS gras et détritus à huit mille mètres », disait un titre tragique publié voilà quelque temps dans un journal. L'entrefilet rapportait que le sommet de l'Everest, visité par d'innombrables groupes d'alpinistes, est désormais jonché d'immondices et de débris de toute sorte, tentes, boîtes de conserve, machines et outils divers, assiettes, tasses, couverts, bonbonnes vides, sans compter les sacs en plastique, symbole omniprésent de notre civilisation.

Mais toute cette chaîne colossale – à ce qui ressort d'une « conférence pour l'Himalaya » qui s'est tenue ces jours-ci à Munich – se trouve dans de telles conditions. On peut imaginer que la situation doit être semblable dans les Andes. Et la même chose arrivera sur la Lune, sur Mars, dès qu'on pourra s'y rendre avec une agence de voyages.

Sans être un passionné de montagne, sans même s'intéresser à l'astronautique, on ne peut pas ne pas éprouver un serrement glasé au cœur. Il ne suffit pas de considérer cela comme un problème d'éducation, de souhaiter des cours de bonnes manières alpinistes, de mettre sur pied un système d'interdictions, de contrôles, d'amendes salées de dédommagements. Une file d'excursionnistes affectant une componction de pensionnaires, un camp-base tenu comme une caserne prussienne, un enlèvement méticuleux des ordures par des éboueurs des neiges héliportés, ne changeraient malheureusement rien à l'horreur intrinsèque de l'affaire. Oui, on pourra limiter les dégâts; mais le dégât essentiel, le dégât métaphysique et irréparable, restera le fait que sur ces cimes fabuleuses il y ait un panneau pour avertir que « Les contrevenants seront passibles de l'article 261 ».

Voilà plus d'un demi-siècle, Paul Valéry, à qui lui demandait ce qui distinguait l'époque moderne de toutes les autres, répondait : la disparition des terres inconnues. Et, avant lui, Apollinaire invoquait la venue d'un anti-Christophe Colomb qui « couvrît » l'Amérique, annulant sa découverte, pour redonner un peu d'espace à cette planète désormais totalement explorée, cartographiée, conquise, et donc misérablement rétrécie comme un gant de laine lavé à l'eau bouillante.

Le sédentaire, surtout, profitait de ces territoires illimités et mystérieux, de ces cimes vierges, de ces pôles inaccessibles; le timide, aussi, profitait de ces aventures, de ces défis lancés par de faibles hommes aux forces titaniques de la nature, vents et glaces, cascades et forêts, sables et océans.

Mais quelle exultation, quelle exaltation pouvons-nous partager depuis nos fauteuils avec un imbécile intrépide qui, de nos jours, traverse l'Atlantique en périssoire? Avec d'autres braves gens dont le plaisir consiste à risquer (avec modération) leur vie au Sahara, au Congo, sur l'Himalaya? Ce sont là courages touristiques, témérités fantasques, vaines émulations, sottes singeries publicitaires qui contribuent à créer autour du globe la plus polluante des atmosphères, celle de l'inauthenticité.

Un doute se fait jour : un homme authentique, un dur, un digne héritier d'Ulysse, n'est-il pas aujourd'hui celui, qui dédaigneux des entreprises de seconde ou de troisième main, résistant aux aventures avec « animateur » et aux sirènes du « tout compris », reste fermement, courageusement, héroïquement chez lui ?

CŒUR DE TOURISTE

Reviennent, à l'approche de Pâques, les grandes migrations touristiques. Et avec elles resurgissent la pitié et la fureur, les tristesses lancinantes, les dégoûts, les anxiétés mercantiles et métaphysiques, liés à tous les phénomènes de masse.

Vers onze heures du matin, sur une place célèbre, voici un restaurant bon marché qui attend le client. Des panneaux rédigés au marqueur rouge offrent un menu à prix fixe et de tragiques spécialités dans un allemand approximatif. Quelques malingres plantes en pot encerclent les cohortes des tables parmi lesquelles rôdent sans entrain des serveurs d'occasion. Il suffit de les regarder pour savoir qu'ils vont confondre les commandes, renverser la sauce, qu'ils n'apporteront pas le morceau de pain supplémentaire ou le sel, qu'ils feront attendre le café trois quarts d'heure. Et voilà un groupe qui se plante devant, hésite, parlemente, calcule et finalement se décide à entrer.

Non, arrêtez! C'est un guet-apens, voudrait-on leur crier, faites attention, n'entrez pas! Mais immédiatement les sentiments s'inversent. Cette troupe de moutons ignares vouée au massacre culinaire apparaît comme une horde d'envahisseurs qui pour quinze ou vingt mille lires s'installent pour s'empiffrer devant une des plus belles façades du monde. Et par-dessus le marché, il faudrait leur servir, en gants blancs, les « vraies » tagliatelles à la « vraie » sauce? De qui se moque-t-on? C'est déjà bien qu'on ne les empoisonne pas à la mort-aux-rats, ces odieux occupants.

A y prêter attention, on voit que la therminologie relative au tourisme est, pour une bonne part, militaire : avant-gardes, colonnes, armées, vagues successives, prises d'assaut, rassemblements et ainsi de suite. Et le touriste solitaire, écrasé de fatigue, accroupi sur une marche, à l'ombre, le regard perdu, indifférent à tout, correspond à l'image du soldat ennemi en retraite qui, désormais vaincu, ne suscite qu'une compassion désolée.

Quand ils sont nombreux, les touristes (comme les ennemis précisément) semblent à grand-peine humains. Traités comme des numéros par leurs agences de tourisme, uniformisés par des couvre-chefs de toile ou de paille, par des funestes transparences de maillots de corps et de soutiens-gorge, les lunettes de soleil sur le front, la caméra en bandoulière, le « souvenir » de série au poing, il est impossible, pour qui les regarde défiler, de les considérer comme des individus. Leur ubiquité massive éveille, sinon une furie meurtrière, du moins la gêne et l'intolérance; la main tend à les chasser comme des mouches, l'œil et l'esprit s'efforcent d'effacer leur présence, de regarder les portes de la cathédrale, la fresque de la seconde chapelle, le noble escalier d'honneur, comme si ces corps en sueur n'étaient pas là pour fermer les perspectives, dissimuler des détails, mutiler des statues.

Même sans tenir compte des boîtes en fer-blanc et des bouteilles en plastique qu'ils laissent n'importe où, des graffiti avec lesquels ils détériorent irréparablement absides et colonnades, même en supposant des millions de gentilshommes fort policés qui n'écouteraient pas de radios, parleraient à voix basse, se déplaceraient sur la pointe des pieds, leur capacité de destruction esthétique reste cependant énorme.

Deux cents touristes dans un cloître signifient, en pratique, l'annulation du cloître. Trente-cinq touristes devant un Caravage équivalent à la suppression du Caravage. Car voilà la concentration perdue, perdue la lente approche contemplative, cette façon de tourner autour, d'incliner la tête, la mise à feu active de chaque détail, l'absorption passive de l'ensemble, le classement par la mémoire, peu à peu, du chef-d'œuvre parmi d'autres chefs-d'œuvre, précédents, contemporains, successifs. Des coudes nus se plantent distraitement dans tes flancs; épaules, ventres te pressent de toutes parts; des têtes à permanentes se superposent aux têtes d'Holopherne, de saint Jean-Baptiste. De quel droit?

C'est un test très dur pour qui se croit tolérant, démocrate. Une petite troupe d'hyperboréennes grisonnantes, débraillées et haletantes admire la vitrine d'une charcuterie. Il est deux heures de l'après-midi, un soleil inexorable inonde l'antique ruelle, et au-delà du rideau baissé, des plats garnis de mayonnaise suintent l'horreur absolue de l'existence. De quel droit ces mêmes femmes viendront-elles, dans quelques instants, démolir par leurs jacasseries une coupole pour laquelle j'ai fait un détour de quatre-vingt-dix kilomètres? Dans leur rétine persistent des visions d'anchois à la sauce verte, de salades variées; en réalité, peu leur importent Vignola et Sangallo; alors pourquoi ne choisissent-elles pas des itinéraires plus conformes à leurs véritables centres d'intérêt, au nom de quoi viennent-elles ici piétiner les miens?

Au nom, répondent certains, de l'argent, de sa force; au nom des salaires élevés, des crédits, des facilités offertes par les entreprises et les syndicats, des charters, des rabais, de la consommation. C'est désormais ainsi que fonctionne l'économie, le monde, il n'y a rien à faire, il faut s'adapter.

Mais si, moi, je dois m'adapter à cette optique purement commerciale, je demande au moins qu'on en tire les conséquences logiques. Si le monde est rempli de badauds oisifs à la recherche de distractions épidermiques, de petites émotions, de petites surprises, de petits souvenirs, de relations futiles, pourquoi devrais-je pratiquement leur offrir (en m'en privant moi-même) Piero della Francesca et Donatello? Qu'ils viennent donc ces pacifiques barbares, piétiner les mosaïques sacrées, les marches sacrées, mais qu'ils payent cinquante mille lires leur visite à la tour de Pise. Qu'aux portes de Florence, de Rome, une foule de néo-gabelous soit chargée de « vendre » la ville aux prix du marché. Que l'on institue une « bourse » des merveilles; cette année, la Sixtine est en hausse, San Gimignano est stationnaire, Giotto chute, Venise s'envole, un coucher de soleil depuis la Giudecca coûte le prix d'un aspirateur. Les hôtes envahissants ne procèdent-ils pas ainsi lorsqu'ils me vendent leur beurre, leur pétrole, leur bois, leurs porcs?

Le moraliste répond que les œuvres de l'esprit doivent être mises à la disposition de tous, gratuitement ou presque. Si c'est un moraliste idiot, il ajoutera que « tout le monde » peut en retirer satisfactions esthétiques exquises, enrichissements intellectuels, anoblissement durable de l'âme et des manières, appétits culturels nouveaux. S'il n'est pas idiot, il admettra qu'apprécier une œuvre d'art requiert un long travail préparatoire et une passion authentique, qu'il ne sert à rien de prendre une masse de personnes gavées d'images publicitaires, de télévision, de bandes dessinées, de romans-photos, privées de référence, de curiosité, de disponibilité, de silence et de les flanquer pendant deux minutes devant Botticelli.

Mais le cœur du touriste – argumentera-t-il –, même du plus obtus, du plus nul des touristes, est en fin de compte un mystère. Il n'est pas tout à fait impossible que ces deux minutes où il s'est retrouvé tassé devant le *Printemps* provoquent en lui une vague lueur, un souffle délicat, un léger frémissement vers des dimensions qui ne soient pas vulgaires, crues ou mesquines; une soif, si minime et confuse soit-elle, de rachat, de perfection. Comme la Grâce divine des catholiques, l'émotion esthétique ne peut donc être refusée *a priori* à personne. Sur la masse, l'un d'eux, par hasard, sera sauvé.

S'il en va ainsi, il ne reste plus à l'amateur d'art isolé qu'à s'écarter et abandonner le terrain aux multitudes à sauver. Il pourrait alléguer qu'il a gagné son salut personnel, l'ouverture de ses sens à certains plaisirs, en renonçant à des joies plus triviales, à des fréquentations plus rentables, aux indulgences et facilités de toute sorte. Il pourrait invoquer la réciprocité, le droit d'infliger une conférence sur Borromini (avec diapositives) au groupe qui, il y a peu, l'a expulsé de Piazza Navona et qui s'emploie à dévorer des pizzas et à engloutir du pseudo-Frascati ou à danser ou à regarder, extatique, la télé dans l'hôtel.

Mais ce sont là mesquineries indignes d'un esprit contemplatif. Si l'art a opéré en lui les miracles que l'on rapporte, l'amateur finira par atteindre en lui le palier de la vaste indulgence, de l'universelle et souffrante sympathie. Il retrouvera la posture des saints les plus séraphiques qu'il aura connus dans les églises et les musées, pardonnera à tous les touristes de la terre (car ils ne savent pas ce qu'ils font) et laissera un chef de groupe le transpercer distraitement d'un coup de coude au cœur.

VACANCES D'ÉLITE

DES vacances d'élite? Mais quelle élite, Madame? Le mot lui-même est devenu irrémédiablement plébéien, il a même perdu – en se diffusant – l'italique dû aux termes étrangers. Et sa descendance – élitisme, élitaire, élitiste – fréquente les annonces publicitaires de toute sorte, les sections de banlieue des partis politiques, les couloirs des TV privées aussi bien que d'Etat, les feuilletons des quotidiens, les trouvailles des adjoints au maire chargés de la circulation. Oui; et également les hebdomadaires d'actualité qui parlent des vacances d'élite.

Il faut dire la vérité jusqu'au bout, Madame : comme le Zen (comme Dieu), de vraies vacances d'élite ne sont pas nommables, elles ne sont pas connaissables, descriptibles. Surtout, elles ne sont pas programmables. Anguille métaphysique, le lieu précis de ces vacances échappe sans cesse à la prise des exclus : tu le cherches dans une villa de Vénétie, il est déjà dans un ranch africain; tu le poursuis jusqu'aux Andes, il est déjà de retour dans les Apennins. Des mécanismes mystérieux, des impulsions dont l'éthnologue ne sait rien, déterminent dans son vol de brusques changements de direction : cette année « tout le monde » va faire sa cure à Brides-les-Bains, à la saison d'opéra de Vérone, en Finlande; « tout le monde » évite l'Ecosse, l'Amérique du Nord et la voile.

Qui est ce « tout le monde »? Existe-t-il encore un « tout le monde » qui ait pouvoir de transformer un caprice en geste absolu, une extravagance en exemple obligatoire?

Regardez autour de vous, Madame. La tombe du sociologue Pareto est abandonnée aux lichens et aux orties égalitaires, sa fameuse pyramide est submergée par les sables triomphants des consommations de masse et des antibiotiques. Il n'y a plus de sélection, de circulation, d'échange. Tout le monde en Occident vit très longtemps, avec énormément de temps à sa disposition, énormément d'argent et énormément d'occasions pour le dépenser. On n'avait pas prévu ça. Et on avait encore moins prévu que l'hirsute homme de Néanderthal, une fois ses besoins primaires rassasiés, allait se trouver face au problème crucial de : comment passer ses vacances?

Observez, Madame, l'homme des cavernes – inquiet – dans son habitat. Il contrôle avec orgueil les galeries bourrées de provisions macrobiotiques et d'herbes fournies par la Sécurité sociale, les rayons où sont alignés outils de travail, massues, flèches, couteaux de silex régulièrement déclarés à la police; il admire les graffiti d'auteur sur les parois, les fourrures d'ours confectionnées à Paris, le crâne Liberty dans lequel brille une douce lumière, le feu de bois où se fume un saumon irlandais. Oui, les affaires marchent bien, il peut enfin se permettre une pause, se concéder quelques semaines de repos.

Mais son front, déjà plutôt bas, se rétrécit encore sous l'effet de la perplexité : que faire, où aller?

Pas avec la horde, en aucun cas. Ils grognent de façon intolérable, se goinfrent de façon répugnante, laissent partout des détritus immondes, déracinent des arbres, massacrent animaux et petits oiseaux sans même les manger, ronflent toute la nuit, et, le jour, émettent sans cesse appels stridents, cris d'enthousiasme, halètements amoureux, tintamarres ludiques.

Chercher alors un lieu que la horde ne pourra pas atteindre; le coin de forêt éloigné, l'îlot pierreux, la montagne aride et escarpée. Mais après?

Voilà le tournant, Madame, c'est ici que se décide le destin d'une espèce. Dans l'âme du primitif s'insinue, pour la première fois, un sentiment très complexe, très contradictoire qui le trouble, l'angoisse.

Son bon sens de paléanthrope lui dit que le mieux à faire serait de partir pour une de ces destinations solitaires, en pleine nuit, sans rien dire à personne. Mais quelque chose le fait hésiter; il est pris par une envie étrange de laisser la clairière à midi, quand tout le monde est là en train d'écorcher des sangliers, de polir les pierres. Où vas-tu? Tu ne viens pas en vacances avec nous, dans les maisons sur pilotis? Eh non! les gars, moi j'ai découvert une grotte, vers le nord, qui est tout simplement fantastique. Des baies incroyables, un ruisseau avec de l'eau d'appellation contrôlée. Portez-vous bien. Et de les planter là, bouches bées.

Mieux encore : disparaître, revenir un mois après avec un petit sourire. Pendant que vous, grosses bêtes, vous vous enfouissiez comme toujours sous le sable de votre promontoire populaire, j'ai vu tout le ravin au-delà du volcan. Pas possible! Tu es allé au-delà du volcan? Allez raconte, raconte!

Une terreur telle qu'il n'en a jamais éprouvé lors de rencontres avec des dinosaures, ou des tigres aux dents de sabre le saisit alors : et si un petit grognement condescendant se levait du groupe pour dire : « Ah oui ! j'y suis allé, il y a deux ans, ça n'a rien d'extraordinaire ? »

Voilà, Madame : le troglodyte snob est né, l'homme de Néanderthal est condamné. Pour des vacances d'élite, il faut choisir un autre chemin, s'aventurer vers l'intérieur, selon le style Cro-Magnon.

Quel intérieur ? dites-vous. N'importe quel intérieur. L'essentiel est d'éviter la côte, la plage, la mer, de vaincre la vanité du bronzage, d'exclure la tentation fatale des comportements télévisuels, donc ne pas courir joyeusement sur la plage, face aux vagues, ni boire des sodas sur la dune, les cheveux au vent de sud-sud-ouest.

Difficile ? Oui, bien sûr. Mais on n'est pas élitaire sans sacrifices.

Un compromis (un premier pas) pourrait être la maison de campagne, avec cinq ou six amis installés dans un nombre identique de maisons de campagne, dans un rayon de trente kilomètres. L'un d'eux peut avoir une piscine. L'autre un tennis. Et alors, puzzles de trois mille pièces, broder, écrire de longues lettres à d'anciennes amies mariées à Chicago, et le soir, se retrouver tous et lire à haute voix journaux intimes, mémoires, lettres de famille autant que possible, extirpés d'un vieux coffre. Cinéma au village le plus proche quand il y en a un.

Quel ennui ! dites-vous ? Mais on n'imagine pas une élite qui ne sache se suffire à elle-même quelles que soient les circonstances; qui ne sache imposer, au plomb de l'existence, son propre or stylistique. Le prince de Talleyrand, raconte-t-on, ne fut jamais plus séduisant et plus brillant que lorsqu'il vivait exilé et indigent dans la province anglaise. Valery Larbaud, qui inventa le personnage du grand voyageur international, toujours sautant d'un *sleeping* à un hôtel de luxe, choisit une fois comme lieu de vacances un côté des Champs-Elysées, et y effectua, avec quelques amis, un séjour rigoureux, sans jamais passer sur le trottoir d'en face.

Ce n'est plus faisable? Les Champs-Elysées (ou leur équivalent dans toutes les capitales du monde) sont réduits au lit d'un fleuve de moteurs, de touristes, de voyous? Mais il y a d'autres villes, silencieuses et exquises. Quinze jours à Nevers, à Troyes, à Bâle, à York, à Salamanque. Ne lire que les journaux de la région. Imaginer que l'on est un notaire indigène ou un professeur de mathématiques qui refuse sa mutation pour ne pas quitter sa mère invalide. Se substituer à ces personnages (qui sont tous partis pour les Maldives, en réalité), jouer leurs gestes, leur déambulation monotone le long du fleuve, observer à la fenêtre les rares passants d'une rue écartée.

Terrifiant? Mortel? Ah! Madame, la route de l'élitisme passe par ces épreuves, inévitablement. Mieux encore, l'homme de Cro-Magnon va jusqu'à renoncer aux facilités du pays étranger, au modeste exotisme de la province europérenne. Vous le surprendrez vers quatre heures de l'après-midi, assis sur un banc, le long des remparts de Grosseto, dans la boutique déserte d'un glacier de Vercelli, dans les jardins publics de Voghera. Il n'a pas été attiré ici par de grandioses ou pittoresques spectacles naturels; ni par des monuments célèbres, de riches musées, des concerts raffinés parmi les piliers romans; ni par des cuisiniers renommés ou des caves illustres. L'ascète velu n'a pas de but second, rien à démontrer à soi-même et aux autres. Immobile dans l'ombre d'un portique, il fixe la statue équestre de Charles-Albert de Savoie vêtu en antique Romain, sur la place de Casale Monferrato.

A son retour, il ne racontera pas que c'est bien mieux que la statue de Colleoni à Venise (ce n'est pas vrai); il ne proclamera pas que Casale Monferrato est une ville imprévisiblement, incroyablement belle (c'est vrai). Il attendra, tranquille et distant, que le soleil abandonne les palais oubliés et les églises fermées, il s'en retournera vers son hôtel sombre en marchant lentement dans la chaleur qui émane des murs. Il ne parlera jamais à personne de ces vacances.

Vous ne vous en sentez pas capable, Madame? Pourtant, c'est ainsi que l'on commence, avec un troglodyte qui déambule, heureux, dans les rues de Casale Monferrato, un soir d'août. C'est lui l'élite, à lui tout seul.

II

DU CÔTÉ DES MÉDIAS

L'arrogance du derrière. Les télébavards. Les pillards. Cœur de cinéphile. Heil Shirley! A Néanderthal, on ne lit pas. Le nouveau selon Schopenhauer.

L'ARROGANCE DU DERRIÈRE

L'ARROGANCE du pouvoir, qui est désormais un lieu commun du langage politique italien, a sans doute ses causes techniques dans la partitocratie, dans le partage du gâteau, dans la proportionnelle et dans d'autres malheureux mécanismes qui ont fait dégénérer la gestion de la chose publique. Mais sans vouloir en aucune façon la justifier, nous nous demandons si le culot de certains hommes qui nous gouvernent n'a pas quelque lien obscur avec l'impudence générale de notre temps, c'est-à-dire avec ce que nous définirions, en nous excusant pour le jeu de mots, « l'arrogance du derrière ».

Dieu sait que nous ne pouvons nous vanter d'une quelconque sensibilité historique, d'une clairvoyance politique ou sociologique fût-elle modeste. Des événements capitaux pour le destin de l'humanité nous sont passés sous le nez sans que nous en saisissions la portée. Des symptômes d'une clarté solaire, des présages gros comme des immeubles de six étages nous ont complètement échappé. Si nous nous retournons pour considérer le passé, nous mesurons avec honte toute notre futilité, sottise, aveuglement. Combien de tournants cruciaux, de sauts qualitatifs tandis que nous regardions ailleurs! Combien de points de non-retour s'en sont envolés sans que nous fassions un pli!

Nous n'avons rien compris aux grands événements de 63, de 68, de 69, de 76, de 77 (et même nous avons souvent confondu ces années avec celles de grands millésimes); et nous n'avons rien compris au basisme, au féminisme, au terrorisme, au vétéro-stalinisme, au paléo-négociationnisme, au néo-avangardisme, post-modernisme et autres semblables phénomènes d'ultra-importantisme. Quant à certaines bornes kilométriques de l'histoire nationale, auxquelles on fait allusion avec une aisance enviable (« à partir du congrès de Florence... »; « le rejet de la ligne de Palerme... »; « après la scission de Zoagli... »; « malgré le préambule de Trévise... »; « en opposition avec la plate-forme de Frosinone... »), elles n'éveillent dans nos circuits mnémoniques rouillés que de titubantes associations avec le guide Michelin.

Mais par le derrière! Le derrière, nous le disons sans fausse modestie, nous l'avons interprété avec la lucidité d'un Tocqueville dès sa première apparation à la télé, dans un contexte sournois de couches pour bébé. Quand on nous le montra sur l'écran dans toute sa splendeur, nous nous rendîmes compte à l'instant même de ce qu'il signifiait et de ce qu'il allait acheminer parmi nous, à la manière du cheval de Troie.

Dans le silence stupéfait de la salle de séjour, nous perçûmes distinctement, le chœur immense des « oh, qu'il est mignooon! » qui se levait du pays tout entier; le vacarme des bisous dans le vide émis par des millions de nos concitoyens. Le petit derrière rose d'un nouveau-né! Qu'y a-t-il de plus doux, de plus émouvant, de plus beau!

Le choc passé, nous nous mîmes à raisonner sur cet événement, tels Machiavel et Guichardin. C'était la fin d'une époque, à l'évidence. Par l'intermédiaire de la sensiblerie et de la mièvrerie – qui sont toujours annonciatrices de malheurs et de désastres –, allait déferler à l'intérieur des murs de la vie civilisée le nouveau (et néanmoins préhistorique) *life-style* du débraillé. Rien n'allait nous être épargné : gencives sanguinolentes, dents cariées, haleines infectes, cabinets immondes, éviers fétides, poêles rebutantes; ainsi que menstruations, migraines, coliques, indigestions, éternuements, furoncles, pellicules, sueurs mucus, incontinences urinaires. Sous le prétexte de l'hygiène et de la santé, la publicité télévisuelle allait balayer toute retenue. Et nous prévîmes que cette opération, délicieusement commerciale, allait être cependant ennoblie au niveau théorique par de nombreux idéologues aguerris de l'absorbant et du rouleau ultra-moelleux.

Tout cela s'est réalisé point par point. Pendant des années et des années, on nous a adressé, depuis toutes les chaires, les plus généreuses exhortations : pourquoi avoir honte de certaines choses, braves gens? Pourquoi survoler certains détail? Parlez-en franchement, avec votre épicier, votre facteur, discutez-en ouvertement dans la rue, au supermarché, il n'y a vraiment rien de mal à ça, au contraire! Ayez le courage du naturel, laissez-vous aller, enfin, après tant de frustrations; émancipez-vous, débarrassez-vous de tous ces méchants tabous qui provoquent tant de si vilains complexes!

Le rêve d'un retour à l'âge d'or est aussi vieux que la littérature et provoquait déjà quelque perplexité lorsqu'il s'agissait de le traduire du latin à l'italien au lycée. Le loup et l'agneau qui s'ébattent ensemble dans l'herbe? Oui, assurément, c'est une bonne chose, cependant... Garçons et filles qui vont nus et insouciants dans les bois, se nourrissent de fruits succulents et chantent d'affectueuses mélopées? Tout à fait d'accord, à condition que...

Maintenant on voit mieux les inconvénients de semblables fantaisies. On découvre que le petit pré engageant est complètement miné; que le bon sauvage cache une massue derrière son dos; que l'Eden et la jungle communiquent directement. Et on se rend compte que la pudeur, la retenue sont des vertus extrêmement sophistiquées et complexes qui ne se réduisent pas à la feuille de vigne.

Tous ces préceptes ennuyeux et étouffants contre ce qui est « naturel » formaient un système en apparence moraliste mais en fait défensif.

Ne te laisse pas aller à montrer tes parties honteuses (fussent-elles admirables), autrement tu ne pourras éviter qu'on te montre celles d'autrui (qui, dans le meilleur des cas, sont comme-ci comme-ça). Survole stoïquement tes troubles hépatiques, ou les autres se sentiront autorisés à t'infliger leurs malheurs gastro-intestinaux. Cache tes peines allergiques, ou il te faudra écouter les lamentations sans fin de tes voisins rhumatisants.

On découvre même que la feuille de vigne peut être perçue comme le symbole d'une conception de la vie un peu plus imaginative et gaie pour nous, insignifiants vers de terre. Elle cache la vérité? Allons donc, comme si nous ne savions pas ce qu'il y a dessous! Elle offense le caractère naturel du corps? Mais pourquoi ne pas dire plutôt qu'elle rend digne, et parfois fascinant, ce qui, en règle générale, n'est pas présentable? C'est une incitation à l'hypocrisie? Mais on peut également la considérer comme un encouragement à la fiction, à la scène, au théâtre, à la recherche d'un style entre les deux nudités radicales de la naissance et de la mort.

La pudeur, nous semble-t-il, est en fin de compte

une vertu indivisible, douée d'élasticité non seulement verticale, d'après le nombre de centimètres dénudés, mais également horizontale. On croit pouvoir s'en passer, au moins pour ce qui est des aisselles et des taches de gras sur sa chemise, mais on devrait se demander alors si le relâchement si déploré des bonnes mœurs – tant sociales qu'économiques, politiques, juridiques, bureaucratiques, etc. – ne serait pas, par hasard, en rapport avec les déodorants et les WC exhibés avec autant d'effronterie et d'insistance. Se pourrait-il que tout soit lié? Que la brutalité croissante de la vie en commun dépende du « naturel » croissant de tant de *spots* publicitaires? Peut-on établir une corrélation entre la figure arrogante du ministre qui clame ses propres mérites au journal télévisé et l'arrogant petit derrière qui le précède et le suit sur le petit écran?

Qui sait? Nous ne possédons que de vagues indices disparates, non des preuves. Une chose est certaine, et nous la notons pour montrer à quelles dangereuses limites peut être poussée la patience de citoyens pudiques, non-brutaux, non-arrogants tels que nous. Quand le tendre et innocent petit derrière apparaît au milieu de ses couches, nous ressentons comme un mouvement confus de sympathie envers ce vieil Hérode, une impulsion totalement anachronique et irrationelle à lui offrir un verre, ou tout au moins un café.

LES TÉLÉBAVARDS

RAPPELONS les antécédents, laborieux, admirables; ces savants lointains, dont les collègues, les femmes se gaussaient, qui en eurent la première intuition; les expérimentations tenaces dans quelque laboratoire délabré; la confiance d'un « boss » imaginatif; les fonds concédés par un conseil d'administration encore sceptique; le triomphe, le brevet, les grandes multinationales qui, l'une après l'autre, se jettent sur la prodigieuse invention avec des escouades de techniciens et d'ingénieurs.

Et voilà, la télévision est née! L'Homme réalise le rêve millénaire de voir, sans bouger de sa caverne, ce qui se passe au même instant à des milliers de kilomètres!

Et le miracle arrive aussi en Italie. Une, puis deux, et puis trois chaînes d'Etat; et la couleur qui ajoute une réalité à une autre, une magie à une autre; et les précieux emplois pour des milliers d'ouvriers, de revendeurs, réparateurs, antennistes; et les premiers – téméraires – circuits privés, le défi au monopole de la RAI, les vastes polémiques, les nuits sans sommeil des juges constitutionnels.

Et voici qu'une nouvelle chaîne apparaît; une autre, une autre encore! Admirable multiplication, enthousiasmant éventail! Les imitateurs se dressent, la Suisse même se rallie, la France est à nous,

Capodistria nous rejoint! Et demain, par satellite, le globe, le cosmos tout entier en direct, en simultané!

Entre-temps, d'autres savants, d'autres ingénieurs, techniciens, conseils d'administration ont mis au point la télécommande, qui réduit encore l'attente entre un instant et l'autre, annule les distances entre un événement et l'autre, transforme l'habitant du séjour – ex-caverne – en un dieu omnipotent qui voit tout.

Et voici que le pouce du dieu flotte au-dessus des boutons de la télécommande. Tout est prêt pour lui. Rappelons-nous cette chaîne vertigineuse de causes et d'effets, de capital et de travail, de valeur et de plus-value, de luttes syndicales et bureaucratiques; rappelons-nous les troupes d'entrepreneurs, fonctionnaires, intellectuels, électriciens, comptables, programmeurs, secrétaires, metteurs en scène et spécialistes en blouse blanche qui ont rendu possible ce moment suprême.

Et voici que le pouce s'abat.

Et sur l'écran apparaissent cinq personnes assises qui parlent : « Non, si vous permettez, d'après moi, la femme... A mon avis, Platini... J'estime que la violence... Jusqu'à preuve du contraire, le dollar... Chez moi, les aubergines... »

Ils parlent à toute heure, sur toutes les chaînes, de n'importe quel sujet. Ils parlent, à l'aise ou bredouillants, agressifs ou éteints, effrontés ou captieux, didactiques ou joviaux. Ils parlent, jambes croisées, mains virevoltantes, lèvres tremblantes, pipe à la bouche, paupières closes, genoux serrés, doigts entrecroisés.

Ils parlent derrière de longues tables, ou posés sur de précaires tabourets, ou vautrés dans des fauteuils bas, ou tassés, sur des divans rigides. Ils parlent avec esprit, gêne, intelligence, emphase, compétence, prolixité, franchise, fatuité.

Ils parlent de choses très intéressantes, très ennuyeuses, privées, atroces, banales, incompréhensibles, vagues, brûlantes.

Mais comment et pourquoi ils parlent, ça n'a que peu d'importance. Ils ont toujours quelque excellent motif. Ce qui compte, ce qui ressort désormais avec éclat, c'est le fait même qu'ils « parlent »; que cette fabuleuse machine à voir, la dispensatrice féerique, intarissable, d'images, subit une lente métamorphose régressive, tend de façon absurde à redevenir salon où l'on cause, loge de concierge, salle de mairie, café, parasol, compartiment de train, section de parti, banc public, caverne... C'était donc ça, alors, le point d'arrivée l'apogée de l'évolution de ce merveilleux « outil »? Le bolide très sophistiqué de formule un qui se traîne sur une route de campagne, tiré par une paire de bœufs? La bouleversante révolution électronique qui débouche dans la pharmacie de monsieur Homais?

Nous, si vous me le permettez, Monsieur le ministre, il s'agit, d'après moi, d'un rejet tout à fait sain, d'un réflexe de défense, d'une réappropriation pure et simple du dialogue interpersonnel, que la machine... Si je peux me hasarder, Monsieur le professeur, j'y perçois, quant à moi, un phénomène typiquement italien, une affirmation du « parlé » national sur le « vu », voire sur « l'agi », et je me demande si Monseigneur, qui sourit malicieusement... Oh! je pensais plutôt, pour ma part, à un retour symbolique au *logos*, au verbe originel, et je suis certain que Mademoiselle, ici présente, en tant qu'actrice, actrice exquise, ajouterai-je...

Quel meilleur sujet pour un agréable télébavardage?

LES PILLARDS

L'ITALIE est désormais tout un fourmillement de feux de la rampe. On se promène dans les villes grandes et petites, on traverse en voiture un village montagnard désolé, on prend un café dans un bourg de la basse vallée du Pô, on va rencontrer un ami dans une station balnéaire, et toujours le regard tombe sur des affiches ou banderoles qui annoncent un, cinq, dix spectacles de théâtre.

Cette extraordinaire floraison date d'il y a une quinzaine d'années et elle ne trouve de comparaison que dans la vertigineuse multiplication des grèves; si bien que spontanément on soupçonne qu'entre ces deux phénomènes – aussi évidemment parallèles – il y ait une sorte d'interdépendance occulte, que plus les « productions » scéniques augmentent, plus tend à s'écrouler l'autre production, celle qui maintient sur pied l'économie du pays (et le pays).

Un phénomène suggestif qui, s'il se poursuivait encore quelque temps, se conclurait pas un « suicide théâtral » non dépourvu de grandeur dionysiaque. Un peuple entier, connu à travers les siècles pour sa théâtralité innée, s'abandonne enfin totalement à sa passion. Les écoles ferment, les bureaux se vident, la circulation s'arrête, les usines sont envahies par les orties et les chauves-souris, tandis que les caisses des communes, des régions et de l'Etat épuisent leurs réserves pour organiser les derniers risottos publics, les polentas et saucisses finales.

Au diable le travail, disent les multitudes fébriles. Au feu la banque d'Italie, la SME, la CEE. Nous serons ruinés, réduits comme des gueux, effacés de la liste sordide des pays dits développés, mais ça en vaut la peine. Nous aurons donné à ce monde moderne, mesquin et matérialiste une leçon mémorable. Nous nous serons immolés pour Eschyle, Shakespeare, Racine, Schiller, Goldoni, Tchékhov, nous disparaîtrons avec dans les yeux les gestes de nos grands acteurs, dans les oreilles les accents de nos grands dramaturges. Que le rideau se lève! Que l'ultime représentation commence, en route vers la catharsis terminale!

Les apparences semblent confirmer que l'on s'achemine vers ce noble idéal. Mais dès lors qu'on se penche pour examiner de près les programmes, ont voit que, dans les rangs serrés des activistes, pratiquants et prêtres théâtraux, on respire un air tout autre.

Dans les hangars, les sous-sols, dans les salles permanentes et celles qui le sont moins, dans les gymnases, les placettes, les ex-couvents, les ex-chenils, dans les innombrables « lieux théâtraux » qui pullulent sur toute la péninsule, n'est en cours qu'une colossale, aveugle mastication parasitaire.

A la recherche du temps perdu par Pippo Cecioni, peut-on lire en gros caractères. Et dessous, dans un corps minuscule, « d'après une idée de Marcel Proust ». Le spectacle consiste en une scène de flagellation répétée dix-huit fois, dans laquelle Charlus porte le masque de Ronald Reagan.

Anna Maria Savonetta et Chiara Frappini ont, pour leur part, réalisé *L'Origine en espèces*, courageuse « relecture » de l'autobiographie de Darwin, où le vieux savant machiste viole une femelle gorille qui donnera le jour à Marylin Monroe sur les marches de la Bourse de Londres.

Critique de la raison impure est un mimodrame de Jo Mangenavets qui présente une vision de Kant enfant et onaniste, enfermé du début à la fin dans une cage à lapins, pendant qu'un sergent SS ânonne l'annuaire téléphonique de Königsberg.

Ce sont là des exemples inventés, mais avec effort. Il est difficile, en effet, ne disons pas de dépasser, mais d'approcher par l'imagination du genre « d'opérations culturelles » conçues par ces groupes, cercles, noyaux, cellules, coopératives et collectifs théâtraux qui s'appellent éloquemment « Gramsci », « Ismaël », « L'épée de Damoclès », « Le Doute », « Numéro zéro », « Lab », « Usher », « Lao-tseu ».

Ce sont des gens, il faut le dire, doués d'un estomac d'acier. Encouragés au début par des exemples « illustres » ou considérés tels, ils se sont d'abord appliqués à triturer les textes traditionnels, grecs, latins, anglais, allemands, russes, français, italiens, en transformant les tragédies en farces, les farces en monologues, les comédies en enterrements, les drames bourgeois en spectacles de cirque, les spectacles de cirque en tragédies, en répandant sur tout et sur tous ce « fausset » uniforme, ces accents stridules, ces voix de tête, ces immobilités plastiques, ces gesticulations accélérées, caricaturales, ces grimaces grotesques et « tellement expressives » qui sont la marque sirupeuse, impossible à confondre, du théâtre d'aujourd'hui.

Toutes les possibles « lectures » et « relectures », variations, distorsions, contaminations, expérimentations ont été à peu près mises en scène; Hamlet sans son monologue; Hamlet uniquement avec son monologue; Hamlet ouvrier de chez FIAT; Hamlet amant de Polonius; Hamlet drogué; Hamlet abattu par la CIA; Hamlet séduit par Ophélie; et ainsi de suite, sous un « angle » tour à tour léniniste, néo-dandyste, néo-néoréaliste, maoïste, écologiste, féministe...

Mais les « angles » ne pouvaient suffire à assouvir une telle faim, les œuvres conçues et écrites pour le théâtre, pourtant innombrables, n'étaient cependant qu'un buffet limité. Pourquoi s'arrêter là, alors qu'il y avait des siècles, des millénaires de culture disponibles?

Et voilà donc Héraclite adapté pour marionettes; voilà une comédie musicale sur Rimbaud; la Bible en pantomime; les Sœurs Karamazov; Gibbon en « tableaux vivants »; Montale électronique; la paradie de Léonard de Vinci; Kepler en dialecte des Pouilles; Tacite Arts-Déco. Il n'existe littéralement rien que ces dévoreurs formidables n'osent mordre, engloutir, digérer, réduire en bol alimentaire, en bouillie, en chyme; et jamais ne semble les effleurer l'idée de se mettre là, avec un stylo et du papier, et d'essayer d'inventer quelque chose de leur cru.

Nous sommes dans une époque de transition, rétorquent-ils, pragmatiques; nous devons réélaborer le passé, redonner leur vitalité aux antiques messages, démonter pièce à pièce notre héritage culturel, en déterminer les courants, les structures, les liens, les strates, les contradictions, les leçons, les secrets, les archétypes. Il nous faut creuser, extraire, enchâsser.

Chacun d'eux, individuellement, est sans doute convaincu de sa propre mission, plein d'enthousiasme, de zèle, de foi et il croit qu'avant lui personne n'a vraiment compris Spinoza, lu Leopardi comme il fallait, approfondi Homère sérieusement. Ces grands hommes, c'est évident, écrivirent afin qu'aujourd'hui, à Turin comme à Barletta, à Monfalcone comme à Rome, des hommes de théâtre pleins d'originalité puissent retrouver leur propre identité et exprimer leur propre génie.

Nous laissons à d'autres le soin de se réjouir d'une hardiesse aussi vive, ou de s'indigner devant une aussi bovine inculture, une présomption aussi énorme. Déplore qui voudra l'élitisme de ces « opérateurs » qui mettent souvent sur pied, au nom du peuple et aux frais du peuple, des spectacles auxquels le peuple (que le Bon Dieu l'en récompense) s'obstine à ne comprendre absolument rien. Et exalte qui voudra les délicatesses formelles, les nuances allusives et les citations entrecroisées dont ces gens font montre diligemment dans leurs spectacles.

Ce qui nous intéresse, c'est le phénomène dans son ensemble, le sens général de tout cet amour empressé pour le théâtre; et dans ce que nous voyons il n'y a rien de noblement dionysiaque, rien ici à quoi l'on puisse adhérer, même de loin. C'est un banquet jusqu'à épuisement des vivres, une grande bouffe stérile, un pillage arrogant et famélique sur le grand corps de la culture. Les « ferments » tant loués y sont bien, mais ce sont ceux de la putréfaction.

CŒUR DE CINÉPHILE

CERTAINS de nos meilleurs amis sont, ou ont été, *cinéphiles* (terme qu'il nous semble bon de conserver en VO française en hommage aux *Cahiers du Cinéma,* qui en furent la matrice).

Etre *cinéphile* a signifié des choses différentes en des temps différents. Les tout premiers échantillons étaient déjà des adultes dans les années trente; c'étaient des bourgeois raffinés, extrêmement cultivés, pour la plupart grands lecteurs de Proust, Gide, Thomas Mann, Virginia Woolf, mais qui le soir tombé, refermaient provisoirement *La Recherche* et couraient chez Bette Davis et Fred Astaire. Leur mobile principal était authentique : ils s'amusaient. Mais déjà, comme dans le christianisme primitif, étaient en germe les dégénérescences futures. Un brin de complaisance et de fierté pour cet amour « différent », un peu « canaille », auquel ils s'adonnaient. Une secrète condescendance mêlée d'une sorte d'agressivité défensive, qui amenait à surévaluer (« pour moi, vois-tu, un cadrage de Carné vaut une gravure de Rembrandt ») cet art que tous alors jugeaient mineur et plébéien. Et puis, l'inévitable touche de politique : les films étrangers, français et surtout américains, étaient vus comme des véhicules d'évasion hors de la mesquinerie fasciste, ennemie de plus en plus rageuse de tout cosmopolitisme. Le fait que le fils du dictateur fût lui aussi *cinéphile* compliquait les choses : on regrettait de lui devoir certaines ouvertures, certaines indulgences populistes visant déjà, prophétiquement, le bien (ou le mal) des masses.

Après guerre, cette élite minuscule perdit pour bonne part ses motivations, sa raison d'être. Dans la ferveur de la libération et du néo-réalisme, l'intérêt pour les navets avec Joan Crawford et Michèle Morgan sembla tout à coup frivole, irrémédiablement *passé*. Le cinéma devint une chose sérieuse, un art à égalité avec tous les autres, qu'il fallait aborder avec une rigueur critique absolue et le plus grand respect intellectuel.

Les *cinéphiles* de cette époque étaient jeunes et passionnés; à Rome ils se bousculaient dans les salles des petits cinémas de quartier; à Turin, ils remplissaient le gymnase de l'Institut féminin Marie-Adélaïde de Savoie ou le petit théâtre Gobetti. Tous savaient ce qu'était la « spécificité filmique » et regardaient les courts métrages comiques de Chaplin sans rire, dans un recueillement religieux.

Ce n'était pas qu'ailleurs ils fussent différents. L'attitude « jacobine », le coup d'œil « maçonnique » entre frères, ces jeunes filles tout en noir, ces jeunes gens à la fois fiers et émaciés, on les retrouvait, identiques, à la cinémathèque de l'avenue de Messine, à Paris, ou dans un ciné-club londonien pour initiés auquel on accédait en parcourant les longs couloirs éteints du Victoria and Albert Museum, entre kangourous empaillés et armes exotiques.

Que mal y avait-il à ces soirées au cours desquelles, pour que la fumée ne détériore pas les pellicules muettes décrépites, on s'interdisait spontanément de fumer?

Quel mal faisaient-ils, ces chétifs adorateurs du

Celluloïd? Nous leur devons, c'est vrai, quelques précieux nô japonais, filmés en plan fixe, dont le souvenir, encore, nous fait nous réveiller la nuit en criant « Maman », et quelques documentaires de suprême beauté plastique qui nous ont été très utiles pour définir les sommets du style casse-bonbons. Cela dit, dans les petites salles ténébreuses, parmi ces visages renfrognés et pénétrés, nous vîmes Abel Gance et Buñuel, Buster Keaton et Marlène en version originale. Quant aux *Enfants du Paradis*, qui rivalisaient d'ubiquité avec le *Cuirassé Potemkine*, avec un peu d'astuce, on arrivait parfois à les éviter.

Mais personne n'est innocent dans ce monde de bonnes intentions. Ces amis purs et pédants, un tantinet obsédés, un rien monomaniaques, étaient semblables à nous sous tous les autres aspects; ils avaient aimé les mêmes poètes, admiré les mêmes peintres; ils savaient quelle tradition littéraire était à l'œuvre chez René Clair, ils connaissaient l'*Orphée* cinématographique de Cocteau mais également la pièce de théâtre; ils ne négligeaient jamais de restituer chaque metteur en scène, chaque école, chaque tendance dans un paysage culturel complexe aux multiples facettes, ils ne rataient pas une « citation » de Dickens ou de Molière, fût-elle transposée, lointaine, involontaire. Ils avaient conservé, en somme, le sens général de la relativité. Mais ils ne s'en rendirent pas compte.

Si nous sommes tentés aujourd'hui de les considérer comme de « mauvais maîtres » c'est que, dans la fougue du prosélytisme, ils oublièrent d'expliquer à leurs disciples que le cinéma n'est qu'un des nombreux plaisirs de l'esprit, que la « spécificité filmique », en admettant qu'elle existe, est étroitement apparentée à la spécificité du roman, du théâtre, de l'art lyrique, de l'histoire, de la philosophie, de la musique et à toutes les autres fuyantes « spécificités » qui depuis des millénaires font leur numéro.

Le résultat de leur enseignement monothéiste, c'est cette race fanatique et ignorante qui nous accable aujourd'hui. Ces gens-là n'ont plus désormais de points de référence en dehors de l'univers cinématographique. Ils parlent et se comprennent comme des commères de villages pour lesquelles rien, vraiment rien, n'est plus important que de savoir ce qu'a mangé le curé à midi et si la petite dame de la poste s'est encore lavé les cheveux hier.

A cela près que leur village est une industrie colossale, voyante par définition, au centre de tous les *sunlights* du monde, et que ces potiniers assis sur leurs chaises de paille se sentent eux-mêmes protagonistes, manipulateurs, juges, papes de la Grande Illusion. Il n'y a pratiquement aucune limite à leur bavardage, car le cinéma, produit par un grand nombre de gens, multiplie de façon monstrueuse les possibilités de mélanges, de classements : par metteurs en scène, acteurs, costumiers; par genres, époques, nations; par décorateurs, scénaristes, maquilleurs; et ainsi de suite, jusqu'à l'infiniment petit, l'infiniment insensé. On n'arrête pas de récupérer les cinéastes « mineurs » et les mineurs parmi les mineurs, de réévaluer les fanfaronnades et les bêtises, de programmer des cycles sur les pires histrions et cabotins, de consacrer les faire-valoir et les seconds rôles, de redécouvrir les manucures de la Metro et les coiffeurs de l'UFA.

Déchaîné, famélique, le *cinéphile* contemporain semble mordre sans parti pris ni discrimination dans cet immense gâteau. Mais en esthétique (comme en amour ou en politique) il n'existe pas, en réalité, d'hommes sans valeurs, sans principes. La philologie n'exclut pas la vulgarité, elle la cache souvent, la justifie volontiers, et l'exalte. Dans l'euphorie du triomphe, le *cinéphile* laisse deviner ses préférences fondamentales, son véritable « goût » de semi-analphabète directement passé des bandes dessinées de l'enfance et de l'adolescence à la « civilisation de l'image » sur petit et grand écran.

Il vit dans le monde estropié, difforme, parmi des excroissances qu'il a lui-même suscitées, parmi des exagérations en dehors de toute échelle de comparaison. Carné égal de Rembrandt ? Mais qui est ce Rembrandt ? Jerry Lewis étudié à la Sorbonne comme Rabelais ? Mais c'est quoi la Sorbonne, c'est qui Rabelais ? Peut-être l'assistant électricien de Renoir ?

Les prétendues « masses », dont il est en général lui-même issu, ne demandent pas mieux que d'applaudir à ses choix alambiqués et abjects, et lui donnent sans cesse un pouvoir nouveau, une arrogance moraliste nouvelle. Et la société entière, depuis longtemps à genoux devant l'autel de la « spécialisation », l'encourage, l'adule, l'admire.

C'est au fond sa seule excuse. Toute la culture occidentale est réduite à ces formes d'érudition fanatique et vaine, pratiquée de troisième ou de quatrième main par des experts qui, de marche en marche, descendent vers les foules. Le *cinéphile* n'est donc pas plus néfaste que la plupart de ses homologues en d'autres matières. Mais nous l'aimions davantage autrefois, lorsqu'il nous retenait sur un banc public jusqu'à deux heures du matin pour nous parler, hagard et pathétique, d'Eisenstein. Pas de Sergueï Mikhaïlovitch Ejzenštein.

HEIL SHIRLEY!

MAINTENANT que tous sont devenus amis de l'éphémère, fiancés du frivole, époux du vain et du superflu, on ne va pas tarder à dire que Shirley Temple a eu plus d'importance que Virginia Woolf. On ne peut rester tranquille une minute, le pistolet est toujours pointé – menaçant – sur notre tempe. Hier, il nous fallait choisir entre Poudovkine et Fred Astaire, entre Sartre et Popeye, la Pasionaria et Coco Chanel. Aujourd'hui on est censé avoir honte de se battre les flancs de la bande dessinée, de trouver ridicule le jeu d'Humphrey Bogart, de préférer visiter le musée Gustave Moreau ou la Pinacothèque vaticane plutôt que la grande exposition dédiée à la bouteille dans la publicité (1902-1925).

Cette culture agressive du R.R.R. (re-découvertes, ré-évaluations, ré-cupérations) a sans doute des mérites, mais ce qu'elle nous semble avantager surtout, c'est le commerce du bric-à-brac. Voici une boutique de brocanteur à l'apparence modeste, dans une ruelle de faubourg; l'enseigne est sympathique, la vitrine plutôt engageante; mais, à peine entré, tu comprends ton erreur. Ce sont des vendeurs en veste noire et pantalons rayés qui t'accueillent, comme à Bond Street. Cette cuillère en étain, sir? Trois millions. Ce fume-cigarette en galalithe? Cinq cent mille. Il n'y a pas que des babioles, on trouve effectivement quelques « pièces » intéressantes, curieuses, voire précieuses. Mais la manie de donner de la valeur à tout brouille les valeurs, les déforme; une lampe Tiffany atteint le prix d'un Guerchin; le chorégraphe de vieilles comédies musicales est étudié comme s'il était le jeune Marx.

Alors t'accable le sentiment que toi non plus, tu ne peux pas échapper à la culture du R.R.R.; que tout doit être sans cesse recalibré, reconsidéré, réorganisé, remis en place, rajusté.

Shirley Temple? Eh bien, oui, elle eut plus d'importance que Virginia Woolf. Que de leçons, que de messages dans ses films. Le *product-manager* d'aujourd'hui a tout à apprendre de cette exploitation parfaite, magistrale, d'une marchandise qui « plaît ». C'est ainsi qu'on dépouille jusqu'à l'os, jusqu'à la moelle, une enfant-objet. Pas un sourire, pas un entrechat, pas une gambade, pas la moindre larme qui ne soit immédiatement mesurable en dollars. Un travail de professionnels hors de pair.

L'historien et le philosophe observeront d'ailleurs que la catégorie du mignon, du maniéré, du doucereux n'était pas connue des anciens. Aristote ne la prend pas en compte; Homère, les auteurs de la Bible, les tragiques grecs, Thucydide, Tacite n'en soufflent mot. Dans leurs ouvrages, les enfants ne manquent pas et ils sont parfois très émouvants (parfois aussi terriblement méchants), mais aucun d'eux ne peut être accusé d'avoir suscité des pâmoisons collectives, des hystéries de foule. L'enfant antique est en général passé au fil de l'épée, noyé, broyé, affamé jusqu'à ce que mort s'ensuive, arraché au sein maternel, empoisonné, étranglé dans son berceau, abandonné au plus profond d'une forêt; sa douceur objective ne l'empêche pas d'être en définitive un personnage dur, digne, à l'occasion héroïque.

Pourtant, même avant la bimbeloterie de l'hellénisme tardif, on peut déjà entrevoir quelques avertissements dans les replis de l'histoire. Certains présages affleurent de ce lointain passé. La fille du pharaon et toutes ses servantes se penchent en extase sur le petit Moïse dans son panier. Quel amour! Quel trésor! Petits cris, bisous, laissez-moi le prendre un peu moi aussi. Elles lui mettent des petits pyjamas et des petits bonnets égyptiens, le promènent sur un petit chameau pour lui tout seul. Et quelques années plus tard, l'adorable bébé leur fait tomber sur le dos une pluie de sauterelles, de crapauds, de feu et de sang.

Les rudes bergers de Galilée se prosternent devant l'Enfant, tandis que là-haut, les anges chantent. Nous y voilà. Il est né. Un flot irrésistible de tendresse les prend tous à la gorge. Paix sur terre, aimons-nous. Fini l'horrible tourment pour survivre à travers razzias, vols de bétail, guets-apens, vengeances; avec le divin enfant commence une ère nouvelle. Regarde un peu ces petites mains, ces pieds mignons; on en mangerait. Le plus expansif allonge son index trapu, ose lui faire guili-guili sous le menton. Et quelques jours plus tard, Hérode ordonne le massacre des Innocents.

Les vétérans de cent batailles se présentent devant la tente de leur général qui est à table avec sa femme et son petit garçon; il a amené sa famille dans ces sombres forêts, sous un ciel de plomb. Que voulez-vous? Eux, honteux, se dandinent d'un pied sur l'autre, poussent le sergent devant : parle, vas-y, parle. « Général, nous autres, nous ne savons pas faire de discours, mais votre gamin, eh bien, nous l'aimons bien, c'est vraiment un bon gamin. Alors, on a pensé d'y faire un petit cadeau, dans cette saloperie d'endroit où on ne trouve rien.

Rome est loin, mais c'est l'intention qui compte. » Il sort une paire de chaussures identiques, en minuscule, à celles que portent les fantassins, demande la permission d'aider la petite mascotte à les chausser. La maman embrasse le sergent hirsute, le général sort son mouchoir, la troupe essuie une larme et fait un joyeux bordel. Caligula est né.

Il n'y a pas de rapport direct et démontrable entre Shirley Temple et Adolf Hitler, entre ses bouclettes dorées et les chambres à gaz. Mais l'époque est ce qu'elle est et l'œil de la postérité distingue désormais sans effort, derrière le dictateur monstrueux qui hurle, la monstrueuse mignonnette qui pousse sa chansonnette. Ils plaisaient; ils plaisaient tous les deux, ils plaisaient de façon irrationnelle, fanatique, totale; on les adorait. Tous deux pêchaient dans ces eaux troubles où la mièvrerie parfaite confine à la férocité absolue, et peut-être même la provoque.

Le spectateur d'aujourd'hui a beau jeu de se demander comment des millions d'êtres humains, par ailleurs sensés, solides, normaux, ont pu s'y laisser prendre. Devenir fou pour ces gambettes? Se consumer pour ces bras malingres? Et ces obscènes petites robes, rubans, dentelles, velours, bérets à vomir? Non, mais c'est fou. Comment l'homme peut-il tomber si bas?

Ce que la reprise, utile et méritoire, des films de Shirley Temple à la télévision nous suggère, c'est de ne pas nous faire d'illusions. Rien n'a changé depuis lors : le marécage visqueux de l'émotivité collective s'est encore étendu; la mièvrerie, la sensiblerie ont gagné du terrain; la voix de la civilisation n'est plus désormais qu'un vagissement infantile; les masses sont de nouveau prêtes à recevoir sur la tête de formidables coups de massue. Aussi, ne va pas demander pour qui Shirley Temple danse le tip-tap; elle le danse pour toi.

A NÉANDERTHAL, ON NE LIT PAS

UNE curieuse omission nous frappe dans les magazines et autres publications illustrées qui ont le plus à cœur la vaste catégorie des néo-snobs de la consommation. Parmi des textes épars (et mutilés de leurs paragraphes conclusifs qui finissent tous dans le boyau de l'avant-dernière page), d'innombrables vitrines publicitaires mettent en évidence ce qu'il y a de mieux en matière de goût, d'élégance, de raffinement : voici l'historique imperméable anglais, voici la montre incroyablement bidimensionnelle, voici la lampe au *design* suprême, la tasse en suprême porcelaine, la valise sublime, la fourrure sensuelle, le gros diamant, le gros saphir, l'étincelante et agressive voiture sur fond palladien suave, l'alcool super-vieilli dans des fûts du Moyen Age; voici, inégalables, le petit maillot, la petite culotte, le petit catamaran, le petit îlot des mers du Sud.

Jamais, cependant, dans ces « natures mortes » dignes des maîtres hollandais, dans ces *tableaux vivants* rappelant Watteau, jamais, absolument jamais on ne peut voir un livre. Ces privilégiés font tout, sauf lire : ils plongent dans des piscines d'azur, boivent des apéritifs multicolores, séduisent à la lueur des chandelles des femmes langoureuses, s'allongent sur le sable, les rochers, les matelas, les fauteuils, les sièges d'avion, fauchent des prés, sillonnent les bruyères, prêtent l'oreille (toujours en compagnie de ces vaporeuses créatures) à des chaînes hi-fi ultra-perfectionnées, filment les susdites douces-et-rieuses avec des caméras pas plus encombrantes qu'un pistolet à eau, allument, fument, se douchent, se rasent, s'après-rasent. Mais dans leurs mains fortes et délicates ou dans leur proche voisinage, jamais n'apparaît le moindre livre.

Un de nos amis, dirigeant d'une grande maison d'édition, a pensé que c'était par hasard, par distraction, et il a eu l'idée de prendre contact avec quelques-unes des entreprises intéressées.

Pourquoi, leur a-t-il proposé, ne pas introduire un livre quelconque, d'un quelconque éditeur, dans vos compositions publicitaires? Abandonné sur la petite table Louis XIII, près du briquet Renaissance, entre une flûte de *spumante*, une fleur et un portefeuille de marque? Ou bien posé, droit, sur le dessus d'une cheminée allumée, pendant que les deux vieux amis (ou les deux amants clandestins) partagent vodka, brandy ou whisky *25 years old?* Ou bien oublié, ouvert, sur la neige, près des chaussures de ski exceptionnelles auxquelles ne manque que la parole? Ou encore sur le siège arrière de la voiture de sport qui passe de zéro à cent kilomètres avant qu'on ait eu le temps de lire le titre? Ce serait, pour l'édition, une forme précieuse de publicité indirecte, et l'image de vos produits en serait aussi...

Aucun de ses interlocuteurs ne l'a laissé finir. Le livre, lui ont-ils tous expliqué (certains en ricanant) n'est pas *in*, n'est pas chic; il n'est pas évocateur, gratifiant, désirable; il ne produit pas d'associations subliminales avec le luxe, l'aisance, la « classe » désinvolte, le « style de vie » que l'on veut évoquer; en somme, ce n'est pas un complice adéquat, un allié présentable pour eaux de Cologne, briquets, bijoux, moteurs et pures-laines-vierges. L'Homme qui agit dans ces pages publicitaires qualifiées (et peut-être dans la vie) ne sait qu'en faire, du livre. Son attention est tournée vers des images bien plus engageantes, son esprit occupé par des intérêts bien différents, ses yeux d'acier, tandis qu'il boit, voyage, fume, joue au golf et au tennis, regardent irrésistiblement plus loin, au-delà des siècles et des millénaires, vers les horizons vastes, non contaminés, de Néanderthal.

LE NOUVEAU SELON SCHOPENHAUER

C'EST une impression que nous avons tous depuis longtemps, mais qui est confirmée maintenant par les experts, que les librairies ressemblent de plus en plus aux kiosques à journaux. Au kiosque, on ne va pas demander le quotidien de la veille ou l'hebdomadaire d'il y a quinze jours? Eh bien, chez le libraire c'est désormais la même chose. Si le livre est dans les « nouveautés » du mois, bien; si non, inutile de le chercher ailleurs, parce qu'il n'est déjà plus en vente.

Ce qui pousse le libraire aux « retours », semble-t-il, n'est pas tant le manque de place que certains mécanismes inflationnistes pesant sur le bilan. Peut-être bien. Mais la fièvre de la nouveauté pour la nouveauté, de la part du public, doit y être aussi pour quelque chose.

Même si cette fièvre-là n'est pas précisément « neuve ». « L'appât du négociant est la nouveauté », dit Goethe. Et déjà Homère, vendeur avisé, remarquait que « les hommes apprécient davantage le chant qui sonne le plus neuf à leurs oreilles ». Si ce n'est que, comme observe Péguy, « Homère est encore neuf aujourd'hui, alors qu'il n'est rien de plus vieilli que le journal de ce matin ». Voilà la question véritable.

Immergés comme nous le sommes jusqu'au cou dans une « actualité » qui n'est elle-même que vieillerie ressassée, médiocrité infiniment répétitive, nous croyons pouvoir nous en sortir en restant le plus possible « à jour », le plus possible « au courant », en marchant le plus possible du même pas que les nouveautés présumées des derniers mois, semaine, jour, heure, minute.

Désormais, à juste raison, le kiosque est notre destin de lecteurs. « Il y a trois choses que tôt ou tard le public réclamera exclusivement, c'est la nouveauté, la nouveauté et la nouveauté », prophétisait en 1836 le poète écossais Thomas Hood, fils – ce n'est pas hasard – d'un libraire.

Comment tenter de se défendre? Un très bon conseil nous semble celui de Wodehouse, qui dès 1947 écrivait à un ami : « Selon moi, la seule façon de trouver quelque chose à lire, aujourd'hui, c'est d'aller dans une bibliothèque publique, déambuler parmi les rayonnages, et choisir au hasard un de ces livres dont personne n'a jamais entendu parler. » Le même Wodehouse, qui dans les années trente vit naître la mode des *snack luncheons* pour le lancement des nouveautés littéraires, décrit l'un d'eux ainsi : « Il m'a semblé pénétrer dans un monde nouveau, effrayant. Mais tu te rends compte? Un *luncheon* pour célébrer un livre nouveau! Avec d'autres auteurs, tous gracieux et maniérés, qui vont et viennent dans la maison en criant " oh, Lionel! ", des photographes qui lui font tenir son livre dans les mains, etc. Non, donnez-moi le vieux Dumas, voilà un vrai " pro ". Quand il avait fini un roman, il restait là, à sa table, pour en commencer un autre. Pas de *snack luncheons*, pour lui! »

La voix la plus autorisée en la matière reste cependant celle de Schopenhauer, le « lucide et passionné Schopenhauer » (Borges), dont les

Parerga et Paralipomena viennent de revenir en librairie (mais y sont-ils encore?) grâce aux éditions Adelphi.

« Tandis que les gens, dit Schopenhauer, au lieu du meilleur de tous les temps, lisent toujours et uniquement les dernières nouveautés, le siècle s'enfonce toujours plus dans ses propres ordures. Le nouveau est rarement bon, et le bon ne reste nouveau que peu de temps. »

III

POUF POUF, OU DE L'AUTOCRITIQUE

Pouf pouf. Le mandarin rosé. Le vieux blouson du professeur Sartre. La conversion du monstre de Frankenstein. Marxistes volants non identifiés. Guerre de larmes. Les engagés en ut *majeur.*

POUF POUF

IL faut bien plus que l'autocritique publique de trois ou quatre malheureux intellectuels russes pour surprendre, déconcerter ou indigner l'expert (ou soi-disant tel) en soviétologie. Comme certains parents qui ont parcouru quelques textes de psychologie de l'enfance, en général mal traduits, il a horreur des taloches, refuse les gifles, considère la confiscation immédiate du ballon qui a dégommé le lustre comme une réaction viscérale et vulgaire. L'enfant a pratiquement arraché les yeux de sa sœur, bon, d'accord. Il a irrémédiablement taché de grenadine un tapis précieux, insulté une voisine charmante, donné des coups de pied à son oncle, il s'est amusé à répandre dans l'escalier le contenu de la poubelle, bon, d'accord; d'accord, mais ce n'est pas là une raison pour perdre son calme, pour se laisser aller à des jugements hâtifs, émotifs. L'expert en soviétologie s'en tient à un bon sens paisible, à une bonhomie imperturbable, souvent à l'aide d'une grosse pipe courbe.

– Tu as vu? Ils leur font faire encore une autocritique, à ces malheureux.

L'expert allume sa pipe.

– Pouf pouf, répond-il, il fallait s'y attendre.

– Ah oui? Et pourquoi donc?

– Détente à l'extérieur, clarifie l'expert en souriant, durcissement évident à l'intérieur. Il faut comprendre la situation objective.

La formule « situation objective » fait partie du riche arsenal dont il dispose pour faire face en toute circonstance, exactement comme un superstitieux prépare une variété de conjurations pour chaque phénomène maléfique – chat noir, chapeau sur un lit, cortège funéraire, nombre 17 – qui peut se présenter à lui.

– Tu veux dire que pendant la guerre froide les Russes, chez eux, avaient plus de liberté ?

– Tu plaisantes ? sourit l'expert, heureux, pendant la période stalinienne, pouf pouf, le problème de la dissidence interne ne se posait même pas.

Le mot « période » est une autre formule d'exorcisme à effet garanti; elle sert à classer sans passion, scientifiquement, sans palpitations puériles, tout ce qui s'est passé en Russie de 1917 à nos jours.

– On a bien fait taire, d'une façon ou d'une autre, toute une génération de poètes, écrivains, peintres, essayistes, hommes de théâtre, savants, remplis d'enthousiasme après la révolution ?

– Euh, bien sûr. En période post-révolutionnaire, le parti doit à tout prix consolider les structures du...

– Mais Staline n'était pas déjà là.

– Qu'est-ce que ça veut dire ? La période pré-stalinienne, à la considérer dans une juste perspective, a été la plus difficile de toutes, et il ne pouvait en aller autrement. Guerre civile et crise économique, dans lesquelles les responsabilités occidentales ont été, au bas mot...

Ces « responsabilités occidentales » nous ont toujours semblé, à nous qui n'aimons pas moins la logique que la révolution, plus apparentés à la dialectique de La Palisse qu'à celle de Marx. Il est tout à fait exact que les gouvernements capitalistes tentèrent par les moyens les plus impitoyables, les plus crapuleux, d'écraser le nouvel Etat soviétique; mais s'ils n'avaient pas agi ainsi, ils n'auraient pas été ce qu'ils étaient, à savoir des gouvernements capitalistes. Et en ce cas, il n'y aurait eu besoin d'aucune révolution.

– C'est comme provoquer quelqu'un en duel, puis se lamenter parce qu'il riposte, non ?

– Pouf pouf, réfléchit l'expert, c'est un paradoxe intéressant. Il n'en reste pas moins que l'encerclement a eu des conséquences qui, de nos jours encore...

C'est à peu près dans ces années-là que naquit une autre formule magique, le « processus involutif ». A l'entendre prononcer par l'expert, qui a ôté sa pipe de sa bouche et dont le visage est empreint d'une gravité triste, on imagine un prolétaire en salopette qui, depuis un bon demi-siècle, se sert de son tournevis dans le mauvais sens.

– Ce n'est pas pour critiquer, mais il dure depuis un bout de temps ce processus involutif, non ?

– Incontestablement, concède l'expert sans faire de difficultés, mais considérons la situation objective. Pouf pouf. La période du « socialisme dans un seul pays » a évidemment pour pendant un durcissement interne, qui, à son tour, crée les conditions de la période successive, faite de purges, déportations, exécutions...

– Autocritiques.

– Oui, d'autocritiques aussi, évidemment. C'est un rituel nécessaire, au cours duquel les inculpés se prêtent d'eux-mêmes à la confession publique du fait d'un sentiment que je définirais bien...

– Ça, c'est ce que racontait Koestler dans un roman. Depuis, on a su qu'en réalité ils s'y prêtaient uniquement parce que la police politique les passait banalement à tabac.

L'expert ricane du fond de ses vastes connaissances synthétiques et analytiques.

– C'est un peu simpliste, dit-il paternel, mais admettons cependant qu'il en aille ainsi.

Pour lui, tout ce qui s'explique en deux mots est « simpliste », et donc à éviter comme le choléra. Pour mettre au congélateur les arrestations, les tortures, les camps de travail en Sibérie, les internements psychiatriques massifs, les censures, les persécutions, les mille vexations policières imaginées en Russie et alentour depuis un demi-siècle, l'expert a sous le coude un autre refrain compassé, mesuré : « Des erreurs ont été commises. »

– Par ailleurs, continue-t-il, la guerre d'Espagne et la menace hitlérienne déjà tout à fait claire pour qui voulait la voir...

– Tu veux parler du pacte germano-soviétique de 39?

– Justement, justement. Une opération tactique, objectivement inévitable, étant donné que l'aveuglement des Occidentaux...

– Staline aussi, pourtant, devait être affligé d'un brin d'astigmatisme, parce que quand les Occidentaux l'ont prévenu de l'opération Barberousse...

– Staline est un personnage complexe, murmure l'expert, pensif, et nous ne pouvons pas, aussi vite, évaluer son...

– Aussi vite! Mais ça fait vingt ans qu'il est mort!

Le regard de l'expert se fait lointain, cosmique, tel celui d'un gourou tibétain.

– Qu'est-ce que vingt ans dans l'histoire d'une grande expérience révolutionnaire?

– Comme tu veux. Mais c'est que ces malheureux, à ce moment-là, espéraient peut-être souffler un peu.

– En période post-stalinienne? se moque l'expert en haussant les sourcils, grossière ingénuité occidentale! Au contraire, pouf pouf, il était évident que le prétendu dégel n'avait aucune base sérieuse dans la situation objective, et d'ailleurs la révolte hongroise l'a amplement...

– C'est bien toi, pourtant, qui disais que tous ces millions de diplômés universitaires, de techniciens allaient finir par demander et obtenir plus de pouvoir, plus de liberté. Tu ne t'en souviens pas?

– Ah, mais il y a eu un processus involutif.

– Encore !

– Renforcé, évidemment, par l'attitude occidentale dans la crise de Cuba, puis au Viêt-nam. Nous avons fait le jeu de l'aile néo-stalinienne à l'intérieur de la structure soviétique, mes chers petits ! L'invasion de la Tchécoslovaquie a été, en pratique, autorisée, sinon imposée par l'Occident.

– Oui, mais nous sommes maintenant en pleine détente; il y a l'Ostpolitik, l'armistice au Viêt-nam, Nixon est allé en Chine...

– Ah ! crie l'expert en se passant la main dans les cheveux, voilà la goutte qui a fait déborder le vase !

– Alors, il valait mieux qu'ils leur balancent une bombe H, aux Chinois ?

– C'est un paradoxe suggestif, sourit l'expert; il n'en reste pas moins que l'ouverture américaine vers la Chine a lourdement influé, pouf pouf, sur la liberté des dissidents russes.

– D'accord, mais les autorités soviétiques ont un tantinet influé, elles aussi, non ?

– C'est évident, rétorque l'expert exaspéré, étant donné ce type particulier de structure de pouvoir, vous auriez fait la même chose.

– C'est probable, mais à force de tout trouver tellement évident, on finit par tout justifier, non ?

L'expert nous regarde, plus affligé qu'irrité.

– Je ne justifie rien du tout, si vous permettez. L'histoire n'a rien à faire de mes éventuelles approbations ou désapprobations. En Russie, comme en Chine, comme à Cuba, comme au Chili, comme dans les pays du bloc occidental, des erreurs ont été commises. Je me limite à en prendre acte et, modestement, je m'efforce de comprendre.

Il tend évidemment la main vers un verre de whisky écossais *(12 years old)*, étant donné que la situation objective, la période pré-hivernale, le processus involutif et les distilleries occidentales, pouf pouf, le lui permettent.

LE MANDARIN ROSÉ

« VINGT-HUIT, vingt-neuf, trente, vingt-huit, vingt-neuf, trente... »[1]. Quelques dizaines d'étudiants – contestataires de différentes colorations et simples profiteurs – se mettent en file devant la chaire, choisissent au hasard le nom d'un poète ou d'un romancier (Pétrarque, Foscolo, Nievo) sur lequel on fera semblant de les interroger, et le professeur les renverra chez eux, satisfaits, victorieux, avec vingt-huit, vingt-neuf ou trente.

C'est un expédient inventé, semble-t-il, par un « mandarin rouge » de Bologne qui, d'une part, ne voulait ôter le pain de la bouche de personne (27 étant la note minimale pour obtenir le présalaire étudiant), de l'autre, ne voulait pas courir le risque, fût-il minime, qu'un contrôleur zélé ne trouve étrange une suite ininterrompue de trente et ne demande l'annulation de l'examen, voire une inculpation pour faux en écriture publique. Ce stratagème, plein d'un sens pratique et d'une astuce tout italiens, avec son inévitable touche à la De Amicis, a plu et s'est rapidement diffusé dans toutes nos universités.

Vu de l'intérieur, il paraît cynique et ignoble.

1. Aux examens universitaires, en Italie, on est reçu si on obtient une note allant de 18 à 30. Au-dessous de 18, on est recalé. *(N.d.T.)*

Mais mettons-nous un instant – à l'italienne, une main sur le cœur – à la place de l'inventeur de cette indulgente litanie.

C'est un homme qui a, disons, entre quarante et cinquante ans. Sa vie durant il a cru honnêtement qu'il était un anti-conformiste, un réfractaire, un rebelle. Il a toujours méprisé sa famille, de petite ou moyenne bourgeoisie, qui a payé ses études. Il a fondé, tout jeune encore, un ciné-club de banlieue dont il s'est éloigné à la suite de désaccords à propos de l'importance d'Eric von Stroheim. Il a soutenu, pour maîtrise, un mémoire « gramscien » sur Jacopone da Todi, est devenu proche du parti communiste dont il s'est toutefois éloigné en 1956. Il a fondé deux courageuses revues littéraires qui, toutes deux, ont cessé leur parution après le troisième numéro. Il a porté la serviette d'un vieux « maître » universitaire, tout en rongeant son frein en écrivant de virulentes poésies en forme de rhombe et de clepsydre. Il a été auxiliaire, rongeant toujours son frein, dans divers instituts religieux ou publics. Il a fini par épouser (à l'église) une camarade studieuse et pas bien jolie qui, après son mariage, a abandonné toute prétention à s'intéresser à Husserl. Il a acheté une Volkswagen d'occasion, café au lait (il l'aurait voulue noire), et a été pendant un an lecteur d'italien à Metz; il a collaboré au troisième programme de la RAI et a réussi, en 1959, au nez et à la barbe de la censure démocrate-chrétienne, à faire prononcer les mots « parties génitales » au speaker qui lisait son essai (quinze minutes) sur Rabelais.

En 1961, il s'est rapproché du parti communiste et a publié un recueil de nouvelles dont il a vendu, à cause de leur caractère courageusement anticommercial, deux cent vingt-trois exemplaires.

En 1963, il a passé l'agrégation, a découvert le néo-capitalisme et son invincibilité. Un quotidien (bourgeois) et un hebdomadaire (tout aussi bourgeois) ont commencé à accepter de temps à autre quelques comptes rendus de livres, signés de ses initiales. La télévision lui a confié la traduction et l'adaptation d'un drame élisabéthain mineur et, par la suite, l'a invité à une table ronde sur le thème « Où va le roman? ».

Il a connu Moravia dans un restaurant romain, s'est à nouveau éloigné du parti communiste, est tombé amoureux d'une sociologue canadienne rencontrée à l'abbaye de Royaumont qui lui a fait lire Saussure et Lacan. Il a eu un peu de mal à convaincre sa femme que c'était juste un truc intellectuel.

En 1966, il est allé en Amérique avec une bourse d'étude, a vu, pratiquement de ses yeux, les campus en ébullition et les ghettos noirs en révolte, est tombé amoureux d'une étudiante juive (mais c'était juste un truc physique) qui lui a fait lire Reich et essayer la marijuana. Il a découvert que le néo-capitalisme était fichu et s'est rapproché du parti communiste. Il a découvert l'usage du mot « phénomène » pour adoucir n'importe quoi.

Le phénomène de mai 68, en France, marque le grand tournant de sa vie. Il se laisse pousser la barbe, adopte pulls et jeans, abandonne sa collaboration avec le quotidien bourgeois et passe à un autre quotidien, également bourgeois mais considérablement plus ouvert et plus rémunérateur. Il fait connaissance du leader d'extrême-gauche Mario Capanna dans un restaurant de Porta Ticinese, signe cinquante-quatre manifestes, appels, résolutions et prises de position sur le Viêt-nam, le Brésil, la Grèce, le Chili, le Mozambique, achète une Volkswagen noire, décapotable. Il obtient une quasi-chaire à Cagliari et, l'année suivante, une chaire de « Généralités comparées » à l'université de Bologne. Il va deux fois au Portugal pour voir de ses yeux cette révolution, découvre le *vinho verde* et apprend à cuisiner la morue comme les dockers de Lisbonne.

Il participe à dix-huit tables rondes et à cinq congrès, publie une anthologie courageuse pour le collège, intitulée « Thèquebiblio », écrit une farce courageuse conjecturant des rapports homosexuels entre Garibaldi et Cavour. Il découvre le mot « démystifiant », les films de Fred Astaire et la pornographie. Il découvre la crise d'identité.

Il gagne pas mal sa vie, s'éloigne – à nouveau – du parti communiste, quitte sa femme (crise de la famille), mais emmène ses enfants au zoo une fois par mois. Il se met à fréquenter assidûment la maison d'une milliardaire milanaise qui lui procure, par l'intermédiaire d'amis suisses, une mansarde, avec cheminée et moquette, dans un vieil immeuble. Il pense à acheter (mais y renonce) une Land Rover, visite le Maroc, passe quinze jours sur la côte roumaine où il est légèrement surpris par le phénomène des queues pour les pommes et les cintres à habits. Il doute de l'existence des soi-disant Brigades rouges et des soi-disant Noyaux d'action prolétarienne.

Il explique aux dames et aux filles adolescentes desdites dames (il a un bref et courageux rapport avec l'une d'elles, mais au fond, c'était juste un truc politique) ce que sont structures, superstructures, parastructures et protostructures, et pourquoi elles sont toutes indistinctement et irréversiblement en crise (crise du système). Il parle désormais avec désinvolture de masses, de luttes, de révolution.

Le consulat de Tchécoslovaquie l'empêche d'aller voir de ses yeux ce qui se passe à Prague, mais la Columbia University l'invite à tenir un séminaire sur « le *trend* sadomasochiste dans la poésie italienne, de l'Arioste à D'Annunzio ».

Il désapprouve (à bord d'un yacht de seize mètres, au large de Portofino) le phénomène des Brigades rouges et des NAP, mais il en reconnaît la cohérence idéologique. Il désapprouve (dans les salons d'une ferme retapée, près de Lucques) la drogue, les « appropriations prolétariennes »[1], le vandalisme des fans de pop music, le féminisme exacerbé, les passages à tabac des étudiants « conformistes » devant les lycées, mais il voit avec lucidité le caractère explosif et nécessaire de ces phénomènes.

Il se rapproche du parti communiste, flanque à la porte l'anthropologue lesbienne avec laquelle il vivait (au fond c'était un truc contre-nature) et recommence à fréquenter sa femme à l'heure du dîner : à l'aide de soupes de légumes et d'escalopes de veau (toujours plus chères) elle le guérit d'une gastrite contractée à force de manger au restaurant.

Le voici donc au jour fatal, notre mandarin improprement appelé « rouge ». Rien dans sa vie, qu'il estime de bonne foi vécue tout entière dans l'opposition, ne l'a préparé à ce moment. Les seuls prolétaires dont il ait une connaissance directe sont le garçon plombier, qui vote néofasciste, et l'employé de la station-service qui considère pratiquement comme un miracle le fait d'avoir, une fois, fait le plein de super à la chanteuse Milva. La seule violence dont il ait idée est celle qu'ont subie les autres, dans d'autres villes, d'autres pays, en d'autres circonstances. C'est, du bout du nez à la pointe du gros orteil, un bourgeois qui s'ignore.

Et le voilà qui arrive, notre mandarin rosé, dans l'université à demi occupée, envahie de graffiti, de mégots et papiers froissés. Le voici qui entre dans

1. Pillages de grands magasins sous des prétextes « sociaux ». *(N.d.T.)*

sa salle, s'assoit et sourit avec bienveillance aux trente ou quarante étudiants qui doivent passer l'examen, filles déguenillées, garçons barbus et hirsutes, avec jeans, pulls, ongles noirs, tout comme lui ou presque. Avec eux (ou avec d'autres identiques, car il est humainement impossible de les distinguer) il a su instaurer un rapport tout de franchise, d'ouverture, d'absence de préjugés. Tous le tutoient, lui piquent des cigarettes, s'adressent à lui pour avoir des lumières autorisées sur la publicité à la télé, l'avortement, Ubu roi, les prisons, les scènes de coprophagie du *Salò* de Pasolini (qui l'ont, secrètement, dégoûté).

Mais il y a quelque chose de nouveau dans l'air, aujourd'hui. Ces jeunes gens pleins de vivacité, qu'il a si souvent encouragés à l'expression libre, à la chaude vocifération des assemblées et des collectifs, au travail de groupe, à l'auto-évaluation, à l'autosuggestion, à l'autoréduction et même à l'auto-érotisme, ces enfants turbulents de son magistère lui présentent, Dieu sait pourquoi, l'addition.

Ils veulent trente pour tout le monde, sans examen.

Ah.

L'examen est une absurdité bureaucratique, un débris de notions grotesques aux relents classistes et fascisants.

Ah.

Quel rapport y a-t-il entre Pétrarque ou l'Arioste et la vie d'aujourd'hui, l'heure et le moment présent ?

Pourtant, tente de répliquer le mandarin rosé, il y a bien un rapport, en ceci que société et culture sont unies par un lien dialectique qui...

Qu'est-ce qu'on en a à foutre de la société ? Qu'est-ce qu'on en a à foutre de la culture ? S'il doit y avoir un examen, qu'il porte avant tout sur le chômage, la crise du logement, les multinationales. Voilà les sujets que ces jeunes gens à la page sont prêts, collectivement, à traiter.

Mais on ne peut pas.

Comment on ne peut pas?

Mais si quelqu'un avait éventuellement préparé sérieusement un sujet sur Manzoni, ne serait-il pas juste que...

Des hurlements sauvages s'élèvent contre ce nom inique et contre cet éloge indirect de la sélection. Injures et obscénités inouïes pleuvent sur le malheureux – clown! minable! frimeur! connard! – et, comme un seul homme, les agiles jeunes gens, qui ont fait fructifier ses sarcasmes contre l'individualisme bourgeois, se précipitent autour de la chaire, qu'ils frappent à grands coups de poing, et promettent guets-apens, coups, hôpitaux, cimetières et autres représailles joyeuses et ironiques.

A ce moment-là, se manifeste chez l'enseignant, partant de ses viscères, un phénomène singulier que les grands et petits théoriciens de la contestation, de la subversion et de l'écroulement capitaliste ont traité de façon inadéquate. C'est le phénomène de la tremblote, bien connu, en revanche, par Manzoni. Cela ouvre d'un seul coup des perspectives vertigineuses dans les horizons politico-historiques de cet épicier vendeur de pilules permissives, de ce boy-scout de la bonne action révolutionnaire.

Il y a donc un lien entre les minuscules, spirituelles allumettes colorées qu'il a frottées dans la vieille forêt et ce mur de feu qui crépite maintenant autour de lui?

Voilà donc ce qu'est, en dernière analyse, la sacro-sainte violence, la fureur populaire, la colère des masses, le soulèvement régénérateur sur lequel il a médité, dont il a tant parlé? C'est donc cela l'instrument invoqué pour abattre la tyrannie démocrate-chrétienne et la CIA, les chaînes de montage, les inégalités fiscales, la pollution, les ghettos urbains et l'économie de profit?

C'est ça, pressent-il, et rien d'autre. Une chose amorphe et terrible, un corps acéphale, une bouillie, un magma inarticulé qui contient tout et n'épargne personne, qui ne raisonne pas, ne fait pas de distinctions, ne regarde ni devant ni derrière, n'écoute plus, ne discute plus, ne demande plus de lumières, ne reconnaît plus, ne laisse derrière lui que ruines fumantes de moquettes, de Volkswagen noires, de fermes retapées, de bibliothèques en noyer, bateaux de deux mètres cinquante en sus et dîners fins à base de morue portugaise.

A condition qu'on laisse faire, évidemment. En un éclair aveuglant, le mandarin rosé se demande si le PC laissera faire, si les carabiniers, les *marines*, Brejnev, la CIA, le Pentagone auront le toupet de laisser faire...

Sa chaire, qui est en bois vermoulu, craque comme la société bourgeoise; mais aussi comme la charrette qui menait à la place de la Concorde tous les petits philosophes et les petits abbés qui parlaient si bien de la liberté aux marquises, avant 1789.

L'Italie n'est pas le Chili! cherche-t-il à se rassurer; ce n'est pas le Liban, ce n'est pas l'Uruguay, l'Espagne de 36 ni la Hongrie de 56! Comme les contradictions du système, cent solutions impossibles explosent dans sa tête : appeler le doyen, sortir en claquant la porte, appeler la police, simuler un évanouissement, démissionner, rester muet et impassible à son poste, répondre à l'injure par l'injure, se laisser frapper, tuer peut-être...

Allons, n'exagérons rien. Au fond, ces nihilistes, ces railleurs universels, ils y tiennent à leur petite note. Ils récusent l'Université, mais pas au point de cracher sur ce bout de papier honni. Ils méprisent la sélection par le bachotage, mais pas au point de renoncer à la médaille en fer-blanc qu'elle confère.

N'exagérons rien, se répète le professeur en regardant le cercle des visages joyeusement farouches qui l'entourent, l'Italie est toujours l'Italie! Les fantômes de la place de la Concorde, du Liban, de Kronstadt, ou de la Commune et du Chili s'éloignent sur la pointe des pieds; voilà qu'entre en scène, d'un pas décidé, le spectre national-populaire de Don Abbondio[1].

Le martyr rescapé ébauche un sourire mi-machiavelien, mi-paternel. Il décide que l'important c'est de ne pas perdre la confiance de ces jeunes amis, de ne pas rompre le contact, le dialogue, de ne pas creuser le fossé.

En s'essuyant le front, il explique sa courageuse trouvaille. Les jeunes gens se mettent immédiatement à la queue leu leu, tels des enfants de chœur, et la litanie commence : vingt-huit, vingt-neuf, trente, vingt-huit, vingt-neuf, trente...

Rude journée pour le mandarin rosé. Mais il est habitué, depuis des années, à naviguer parmi les phénomènes de ce monde difficile, et ce soir, sa femme lui préparera une bonne tisane sédative, pendant qu'il regardera un vieux film d'Eric von Stroheim sur Télé Monte-Carlo.

1. Le curé trouillard des *Fiancés* de Manzoni. *(N.d.T.)*

LE VIEUX BLOUSON DU PROFESSEUR SARTRE

Nous lisons un long entretien accordé par Jean-Paul Sartre à la revue *Esquire*, et republié par *l'Espresso*[1] avec une note préliminaire qui prend nettement ses distances, comme pour dire : nous, nous préférons Jimy Hendrix, mais Luis Mariano sera toujours Luis Mariano. Prudence justifiée, car la valeur idéologique et politique de ce bavardage est nulle.

Sartre appartient en effet à cette vaste troupe d'intellectuels progressistes qui, en te fixant de leurs yeux inspirés, t'informent, parfois d'une voix de stentor, de leur aspiration à un socialisme *différent* de tous les types de socialisme disponibles sur le marché de l'histoire, mais qui, par la suite, sont absolument incapables de définir cette différence avec un minimum de cohérence et de sens du possible.

Après avoir dédaigné le socialisme anglais, s'être moqué du scandinave, avoir déploré le russe, s'être apitoyé sur le yougoslave, avoir considéré avec soupçon l'américain du Sud, pris avec des pincettes et finalement rejeté aussi le chinois, en fait de socialisme ils n'ont en main, d'avoir tant virevolté,

1. En février 1973. *(N.d.T.)*

qu'un rabâchage de lieux communs humanitaires, auxquels il serait excessif de donner le nom d'utopie, et d'où s'exhale un parfum idéaliste, mais plutôt ambigu, quelque chose entre le kibboutz, le bivouac de boy-scouts, la communauté hippie et le *festival dell' Unita*[1].

Il ne s'agit pas ici de discuter la qualité de ces ingrédients, mais il est certain qu'un idéologue professionnel devrait au moins suggérer quel ciment, à son avis, est susceptible de les faire tenir ensemble. C'est là une nécessité que Sartre et ses pareils ne semblent pas ressentir; il leur suffit d'éprouver la satisfaction – toute personnelle, toute lyrique – de crier sans trêve sur les toits que le monde ne va pas comme il devrait aller, que leurs grandes espérances ont été régulièrement trahies.

Cela rappelle la fable bien connue des trois (ou sept) sœurs, dont la plus belle refuse, sous mille prétextes, tous les jeunes gens qui la veulent épouser; elle attend un prince charmant qui n'arrive jamais et finit par rester vieille fille. On pourrait remarquer au passage qu'au lieu du prince tant désiré on voit, le plus souvent, arriver un ogre mangeur d'enfants (les pays restés hors d'atteinte de son bras velu sont, de nos jours encore, pleins de vieilles filles qui ont quitté leur patrie en toute hâte et qui répètent en pleurant « nous n'avions pas voulu ça »). Mais il n'est pas nécessaire de s'étendre une fois de plus sur la naïveté incorrigible des intellectuels « engagés ». L'entretien de Sartre est intéressant à un autre titre.

« Je ne porte plus de vestes, mais des blousons comme celui que j'ai aujourd'hui, déclare, à un moment donné, le philosophe à son intervieweur. Je n'achète plus de ces vêtements que l'on trouve chez un tailleur, mais des jeans et des chemises

1. Equivalent italien de la « Fête de l'Huma ». *(N.d.T.)*

décontractées que l'on peut acheter dans n'importe quel magasin. A Venise, l'été 68, j'ai acheté le blouson que je porte aujourd'hui. Maintenant il est un peu abîmé, mais alors, il avait de l'allure, et quand je l'ai acheté je me suis dit : dorénavant je ne porterai plus que des choses comme ça. C'était juste après les manifestations du mois de mai et j'ai pensé : enfin, à mon âge, j'ai acquis la liberté de m'habiller. Pendant des années, j'avais pensé que les habits bourgeois – complet, chemise blanche et cravate – étaient horribles, mais je me disais seulement : c'est horrible, mais il faut que je les porte sinon je vais passer pour fou. En somme, je m'étais résigné. Aujourd'hui je ne me résigne plus. »

Il faut aller au-delà de l'impression immédiate qu'on a d'être en présence d'un esprit qui a atteint le seuil de l'asile d'aliénés, et chercher à comprendre ce qu'il y a réellement derrière cette inquiétante confession. Une fois relu, ce passage révèle que Sartre dit des choses qui ne sont pas vraies, ce qui ne signifie aucunement mentir.

A l'âge d'or de l'existentialisme, quand ses pièces étaient jouées simultanément dans deux ou trois théâtres parisiens, ses chansons chantées dans les caves de la rive gauche, on ne voyait pas l'ombre d'une cravate ni d'une chemise blanche dans un rayon de deux kilomètres autour du café où, chaque jour, trônait l'écrivain. Tous, jeunes, vieux, artistes, étudiants, provinciaux, milliardaires, touristes, mettaient un point d'honneur à s'habiller en jeans, pulls, blousons, chemises texanes ou écossaises, futaine, velours et pelages divers, que l'on pouvait fort bien, à ce moment-là aussi, acheter dans n'importe quel magasin. Il n'y avait que lui, Sartre, pour s'obstiner à porter chemise blanche et cravate; il n'y avait que lui pour continuer à aller chez un tailleur.

Il ne travaillait pas dans une banque ou un

ministère; c'était un écrivain célèbre, le pape d'une religion, d'une mode bruyamment anti-conformiste; il aurait pu s'habiller en Peau-Rouge, personne ne l'aurait pris pour un fou; sans compter qu'à Paris, ville habituée depuis l'époque du jeune Hugo et de ses amis romantiques aux plus délirantes excentricités vestimentaires, il a toujours été difficile d'obtenir ne serait-ce qu'un coup d'œil désapprobateur en matière d'habillement.

Il nous faut donc en déduire que Sartre *voulait* rester prisonnier de cet « horrible uniforme bourgeois ». Mais pourquoi? Par snobisme « à l'envers », pourrait-on penser; pour se différencier de la foule de ses disciples et admirateurs, et souligner le fait qu'à un certain niveau de célébrité, de réalisation de soi, un homme n'a plus besoin de confier à ses vêtements sa soif de singularité. Cette explication, néanmoins, ne nous convainc pas. De nombreux personnages illustres, de Baudelaire à Hemingway ou à D'Annunzio, de Cicéron au général Patton, ont cultivé avec passion une touche de coquetterie, une nuance subtile de différence; mais des écrivains comme Sartre n'ont pas ce genre particulier de vanité, de préoccupations; ils ne désirent pas afficher, au plus haut degré de la gloire, une grisaille affectée, un style rond-de-cuir recherché. S'ils restent fidèles au vieil habit, s'ils se résignent à la chemise blanche et à la cravate, c'est que la grisaille, le style rond-de-cuir sont en eux, inextirpables.

Malgré les hommages, les applaudissements du monde entier, Sartre, pour son malheur, garda la tête froide, conserva, jusqu'en 1968, l'empreinte secrète et mortelle du professeur français de lycée, du *prof de philo* qui, dans ses cours, peut détruire et créer partis et mouvements, survoler systèmes complexes de pensée et civilisations millénaires, mais qui, le soir tombé, rentre dans une maison où chaque table est décorée d'un napperon de dentelle offert par sa vieille tante. Pour ces hommes-là, la guerre d'Espagne, le stalinisme et la Résistance, la bombe atomique et l'automatisation, la prolifération fantastique des automobiles, l'arrivée du smog, l'entrée en scène des pays asiatiques, ne changèrent rien d'essentiel. Derrière cela et malgré tout cela, ils retrouvaient toujours le napperon de dentelle, la chemise blanche, la veste à trois boutons; ils retrouvaient la salle de classe, la chaire difficilement obtenue et, en face, les élèves, gentils et attentifs, assis sur les bancs. On comprend alors pourquoi mai 68 les traumatisa tellement.

« Louis Aragon, pourtant bien vu par les jeunes depuis longtemps, fut sifflé. Je pensais qu'il s'agissait peut-être d'une attitude critique vis-à-vis des vieux en général – confie Sartre, avec une candeur désarmante dans le même entretien – mais quand j'allai parler à la Sorbonne, vers le milieu du mois de mai 68, je fus très bien accueilli. »

La classe ne lui lança pas de boulettes en papier, ne badigeonna pas de colle le fond de sa chaise, mais Sartre comprit, à soixante-deux ans, que son monde, ses valeurs venaient de mourir; et napperons de dentelle, cravates et chemises blanches cessèrent, à la fin, de représenter quelque chose pour lui. S'ouvrit alors concrètement, devant lui, ce néant dont il avait si longuement disserté, et il est humain qu'il en ait éprouvé quelque effroi. Tout est préférable à l'angoisse de celui qui, après avoir mené avec obstination une longue guerre, se rend compte, la victoire obtenue, que ça n'en valait pas la peine, que les objectifs véritables étaient autres, autres les enjeux, autre le front.

Mais tout n'était pas perdu; les élèves offraient une dernière chance au vieux professeur : il n'avait qu'à passer de leur côté, couvrir leurs entreprises subversives de son nom inutilement illustre, renoncer à ses goûts, à ses habitudes, à ses consolations littéraires, ne plus parler et écrire que sur la politique, les masses, les révoltes, les révolutions. Et il lui fallait, avant tout, mettre un blouson. Sartre l'enfila comme on enfile un gilet de sauvetage, mais nous ne sommes pas surpris qu'il soit allé l'acheter à Venise. Il n'est pas exclu qu'il ait fait, dialectiquement, une escapade jusqu'à Burano pour s'acheter aussi un ou deux napperons de dentelle.

LA CONVERSION DU MONSTRE DE FRANKENSTEIN

COMME il arrive dans le train, lorsque les couloirs sont bourrés et qu'on ne peut quitter son compartiment, nous voici contraints d'écouter cette conversation interminable autour, pour, depuis, le long, sous, à travers, contre, sur le communisme. Mais nos muscles faciaux sont endoloris par l'effort visant à réprimer des bâillements démesurés.

Pourtant l'indolence n'est pas de nos défauts; pourtant, dans notre entourage, outre les militants, théoriciens, spécialistes de la branche, nous voyons une foule de nos collègues, non moins marginaux que nous, qui entrent avec la plus grande vigueur dans le vif du sujet. D'où vient, alors, ce sentiment d'ennui accablant, de lassitude profonde, mortelle? D'où vient notre allergie au débat-franc-et-ouvert, à l'analyse-sérieuse-et-approfondie?

La conversation – observons-nous – est pondérée, raisonnable, polie, plus encore qu'on ne saurait le désirer. Mon Dieu, le ton général rappelle, c'est vrai, la nourrice du proverbe (« mais asseyez-vous, voyons! »), assise au salon sur une fesse, toute de rougeur, hésitations, euphémismes délicats. Il y a peut-être un peu trop de petits doigts en l'air, un peu trop de jupes tirées pour ne pas laisser voir les genoux.

Mais n'était-ce pas, en gros, ce qu'on voulait? Ne faut-il pas préférer les respectueuses amabilités d'aujourd'hui aux hurlements et aux accusations réciproques d'hier?

Maintenant que les communistes ont renoncé à sortir Galilée chaque fois qu'il est question de l'Eglise et que leurs interlocuteurs consentent à citer Staline, en hochant la tête, comme s'il s'agissait d'un oncle parti en Amérique du Sud avec une chanteuse de cabaret voilà bien des années, maintenant que les clichés et contre-clichés monotones de la guerre froide (or de Moscou, cosaques à Rome, valets de la réaction, laquais du capital, etc.) n'ont plus cours chez les gens comme il faut, et que le niveau de la polémique (pardon, de la réflexion en commun) s'est heureusement élevé, c'est précisément maintenant que notre cœur, bien loin de l'être de satisfaction et d'allégresse, est empli d'un accablement de plomb! Pourquoi donc?

Peut-être – nous interrogeons-nous en sondant notre inconscient bourgeois – ne croyons-nous pas, en fin de compte, à la sincérité communiste; peut-être cet échange public d'« après vous, je vous en prie » nous apparaît-il comme une vaste comédie, une fiction, un dialogue de circonstance monté par des hommes masqués? Mais il suffit de regarder les photographies des dirigeants communistes pour se convaincre qu'ils ne mettent pas de masque; s'ils l'enlevaient, il ne resterait rien. Non, il n'y a pas, ici, de double jeu; ce n'est pas un piège sophistiqué qui se déclenchera au moment voulu, au milieu des éclats de rire méphistophéliques des faux pluralistes. Ce que les communistes mettent derrière le terme de pluralisme reste – de leur propre aveu – aussi vague que le concept de bonheur; mais il est sûr que d'une certaine façon, en une certaine mesure, ils se convertissent pour de bon.

N'est-ce pas, par hasard, cette conversion qui nous déplaît, alors? La paresse intellectuelle est un mal sournois, qui incite souvent à regretter, sous les prétextes les plus divers, ce que l'on nomme « situations nettes ». Quand les rouges étaient rouges et les réactionnaires réactionnaires, on vivait, en un certain sens, plus tranquillement; il était inutile de scruter, à chaque pas, le vol des oiseaux. Quant à nous, nous avons toujours considéré les changements, les surprises, les coups de théâtre comme la meilleure part de la vie, politique ou privée.

La métamorphose communiste devrait donc, par elle-même, nous arracher des bravos. Pourquoi alors nos paupières tombent-elles, pourquoi notre tête dodeline-t-elle, alors que tant de personnes éminentes dissertent avec tant de grâce, d'hégémonie et de consensus, de couches et de classes, de dépassements et d'alternatives?

Ces mots, répétés aussi fréquemment, sont, il est vrai, ennuyeux; mais pas plus que les termes techniques américains entrés en vogue avec le *computer*; pas plus que le lexique socialisant qui acquit droit de cité avec le centre-gauche. Nous nous apercevons, en regardant derrière nous, que l'histoire politiquc italienne des vingt dernières années a toujours été ennuyeuse. A cause de ces atroces tics de langage? Ou bien parce que, comme beaucoup le disent, nous avons toujours eu en face de nous les mêmes protagonistes, les mêmes visages? Ce n'est peut-être pas aussi simple.

Notre pays semble incapable de rénover non pas tant le langage ou les acteurs que la *forme* du jeu politique. Et cette forme semble bien être, précisément, celle de la « conversion », la plus assommante qui soit du point de vue du spectacle. Réduite à son mécanisme élémentaire, elle consiste, en effet, à ce que B admette tout au long du deuxième acte la vérité de ce qu'avait dit A tout au long du premier. Ce qui entraîne, en pratique, la répétition continue des choses déjà dites, une incessante découverte d'évidences introduite ponctuellement par la formule « il convient de reconnaître », où « il convient » est préféré à « il faut » à cause de son ton plus sérieux, moins familier.

« La position de notre parti sur le problème examiné, déclare le converti, le visage crispé, a toujours été on ne peut plus nette. Il convient cependant de reconnaître que... »

Depuis vingt ans, on a donc vu les libéraux découvrir la programmation, et les dirigistes découvrir l'administration superflue. Les pro-Américains découvrir le conseil de la Paix et les pro-Soviétiques le Pacte atlantique; et voici que les patrons découvrent les syndicats, et les syndicats l'absentéisme; voici les prêtres qui découvrent les rapports prématrimoniaux et les révolutionnaires qui découvrent l'efficacité de la police. Et ainsi de suite.

Nous renonçons à commenter les résultats pratiques d'un semblable mécanisme; ils sont sous les yeux de tout un chacun. Il convient cependant de reconnaître qu'il s'agit là de la quintessence de l'ennui, et l'entrée en scène du parti communiste, avec ses arriérés considérables en matière de reconnaissances, ne pouvait qu'aggraver les choses.

Tous les autres sont là, comme des paysans méfiants et apeurés autour du monstre de Frankenstein, pour voir jusqu' « où » ce pauvre PC est disposé à « reconnaître ».

Reconnaissez-vous le parlement? Reconnaissez-vous les partis? Reconnaissez-vous la liberté de la presse?

Du haut de ses trois mètres, les doigts épais

comme des cheneaux, le bon monstre remue affirmativement la tête.

Reconnaissez-vous le goulag, les enfermements psychiatriques, l'affreux pastis de l'économie planifiée ?

Et comment ! Et comment !

Reconnaissez-vous qu'à Prague...

Le monstre frappe sa résonnante poitrine tandis que de petites bulles de colère anti-répressive apparaissent aux commissures de ses lèvres cadavériques.

Reconnaissez-vous que l'initiative privée... ?

Des larmes de contrition jaillissent des yeux du bon géant.

Et les reconnaissances vont bon train, toujours plus honnêtes, toujours plus dignes, toujours plus ennuyeuses.

Vérités décrépites, lieux communs millénaires, proverbes dénichés dans les fouilles d'Ur, constatations du plus élémentaire bon sens nous sont présentés comme des films d'Hitchcock, comme des sonnets inédits de Mallarmé, pour la seule raison qu'au cours de tel ou tel congrès tel ou tel notable communiste l'a finalement admis. Les dictatures sont une bien mauvaise chose. L'Italie n'est pas la Russie. Gramsci a aussi écrit de solennelles bêtises. Les capitaux sont attirés par le profit. Le beurre et l'argent du beurre. Les yeux plus gros que le ventre. L'argent ne fait pas le bonheur.

Personne ne doute qu'il s'agisse là des rythmes propres à la vie politique. Les partis ne sont pas des hommes, ils se meuvent avec lourdeur, se parlent avec ce même effet de « retard » qui appesantit les rapports entre la base terrestre et l'astronaute sur sa lointaine planète. Personne n'attend de tous ces « reconnaisseurs » le brio d'un Goldoni, l'esprit d'un Molière.

Mais puisqu'ils se sont mis au centre de la scène,

puisque leur fin ultime reste quand même la conquête du cher auditeur, nous pouvons légitimement attendre d'eux qu'ils n'insistent pas trop pour appeler nouveau, original, stimulant, excitant, l'éternel périple de leur doigt autour du même œuf. Faute de quoi, l'auditeur de culture moyenne, moyennement informé de ce qui s'est passé dans le monde au cours des cent dernières années, ne pourra faire moins que se boucher les oreilles et tenter de s'endormir, pour ne pas voir, pour ne pas entendre notre Frankenstein racheté, tiré à quatre épingles dans son prêt-à-porter « grande taille », se mettre à jouer sur son harmonica l'*Ave Maria* de Gounod.

MARXISTES VOLANTS NON IDENTIFIÉS

FACE au phénomène des MVNI (Marxistes volants non identifiés) qui depuis le début de l'été[1] sillonnent le ciel politique italien avec leurs silhouettes inhabituelles et leurs trajectoires bizarres, le public a manifesté trois formes différentes de réactions.

La grande majorité, qui marche la tête basse, aux prises avec des problèmes quotidiens pressants, ne s'est aperçu de rien. Une minorité revêche a concédé un bref coup d'œil à ces allées et venues dans la stratosphère et les a expliquées en termes banalement rationnels. « Des lucioles, des étoiles filantes, des ballons-sondes, comme d'habitude », ont-ils marmonné à leurs gamins qui, tout excités, les montraient du doigt. « Ton papa, ton grand-père, ton arrière-grand-père ont déjà vu ça des douzaines de fois, depuis un siècle. » Et ils ont refusé de courir chercher leur Polaroïd.

Mais un groupe restreint d'observateurs a repoussé ces attitudes simplistes, a recueilli patiemment faits et témoignages dans toute la péninsule, a analysé ondulations, déviations, convergences, courbes involutives et évolutives, lignes générales

1. En juin 78, la direction du PC italien adopta une « nouvelle ligne » consistant à tolérer et même à exalter des valeurs condamnées auparavant comme « bourgeoises ». *(N.d.T.)*

et tangentes, rapports entre masses inertes et énergies déstabilisantes; il publie maintenant sous le patronage de l'UFMA (Unidentified Flying Marxists Association) un volumineux rapport publié par la Sucker University Press[1].

Sur le problème fondamental, à savoir l'existence ou non des MVNI, aucun doute ne semble plus possible. L'éventail des signalements est trop vaste, la documentation trop variée, trop détaillée pour qu'on puisse l'éliminer comme fruit d'une psychose collective.

Le rapport contient une première partie (la plus savoureuse, la plus intéressante à lire) où sont recueillis tous les témoignages dont l'authenticité est prouvée. De nombreux pilotes, tant du syndicat autonome que des confédérations, tombent d'accord pour décrire l'apparition imprévue, aveuglante d'un ou plusieurs points lumineux, leur intense pulsation (« comme le grand cœur du peuple » est la belle image employée par le commandant A.M. inscrit à la Confédération générale du travail) entre valeur et plus-value, leur « danse » suggestive autour du concept de « pluralisme », et leur brusque éloignement, avec des accélérations inimaginables pour notre technologie, du problème de la « dissidence ».

De nombreux entrepreneurs ont pu les observer à des altitudes plus basses. Un fabricant de bracelets pour montres (ses seize ouvriers témoignent dans le même sens) raconte un atterrissage dans la cour de son usine; le marxiste avait la forme « d'un mince ravioli », était entouré d'un halo rose pâle, et émettait une musique solennelle (le patron peaussier emploie le terme d'« hymnes ») en

1. « Sucker », en anglais, est « l'imbécile qui se fait avoir ». *(N.d.T.)*

hommage au marché, au profit, aux heures supplémentaires et à l'UBS (Union de Banques Suisses).

Un des principaux industriels italiens, qui a préféré conserver l'anonymat, assure avoir vu « une espèce de poire double et lumineuse » descendre au coucher du soleil sur son terrain de golf privé. L'étrange fruit émettait, dans le même temps, un sifflement aigu à l'adresse des multinationales qui investissent des capitaux en Italie, et un autre sifflement, tout aussi aigu, mais de tonalité différente, envers les multinationales qui ferment leurs usines dans notre pays. Au mot de « primes », prononcé par hasard par l'industriel, la double poire se serait séparée en deux, se dissipant dans des directions opposées à très grande vitesse.

Un autre type de visiteur céleste se présente, lui, sous la forme d'un « vieux moulin à café », du moins si l'on en croit plusieurs témoins issus des secteurs productifs les plus variés. L'objet s'approche en émettant un vacarme assourdissant, qui a cependant quelque chose de joyeux, d'enthousiaste, « comme la fanfare ivre d'un village ». Peu à peu, on distingue dans le tintamarre un message plus ou moins articulé, un balbutiement confus mais pressant, comme une exhortation à trouver une « nouvelle façon » de fabriquer le lait, les punaises, les timbres, l'essence, les armoires de toilette, le contre-filet, les digues, etc., selon les cas. A la question « quelle façon? », posée par quatre-vingt-sept pour cent des témoins, le moulin à café se tait brusquement et après une série de haut-le-cœur et de contorsions apparemment très pénibles à voir, il se transforme en pelote d'aspect à la fois viscéral et gélatineux qui roule sur elle-même et disparaît dans le plus mystérieux silence.

Sur la consistance matérialiste des marxistes volants, une lumière inquiétante est jetée par l'expérience d'un cultivateur direct dont la production d'œufs avait baissé de quatre-vingt-quinze pour cent parce que ces « maudits trucs » continuaient à passer et repasser en volant en rase-mottes au-dessus du toit du poulailler. Il érigea alors une double barrière en se servant d'arbres de haut fût cambodgiens et éthiopiens. Tout cela pour constater avec stupéfaction que les perturbateurs cosmiques de poules étaient en mesure de *traverser* tranquillement l'obstacle, « comme s'il n'existait pas ».

Le récit d'un groupe de boy-scouts, qui eut l'occasion d'épier, sans être vu, un congrès ou un séminaire sabbatique de ces fantomatiques extraterrestres, est captivant même s'il faut l'examiner avec une certaine prudence. On a parlé depuis longtemps de ces réunions extrêmement rares, et beaucoup pensent qu'il s'agit d'inventions, de croyances médiévales qui ont survécu, on ne sait comment, jusqu'à nos jours. Et voici que ces jeunes garçons, qui ont entre neuf et quatorze ans, jurent avoir assisté à ce rite mystérieux en haute montagne, depuis une corniche rocheuse.

Sous eux, autour d'une roche en forme de mortier, était regroupée une trentaine de figures vaguement humanoïdes, chacune, du reste, munie d'un grand nombre de tentacules élastiques perpétuellement en mouvement. A intervalles réguliers, l'un de ces êtres s'approchait du mortier, où, en se servant d'un gros pilon de pierre également, il frappait avec énergie ce que les boy-scouts ont décrit comme « une substance liquide très semblable à l'eau »[1]. Les extraterrestres communiquaient au moyen de sons émis par les tentacules, dont la fonction ne serait donc pas purement préhensile ou

1. « Frapper l'eau dans le mortier », en italien, veut dire préparer une nouvelle sauce qui en réalité est toujours la même. *(N.d.T.)*

motrice mais serait reliée, selon certains chercheurs, à leur appareil euphémistique (tandis que d'autres xénopatologistes émettent l'hypothèse d'un organe central oublieux ou omissif, dont dépendraient tous ces tentacules).

Sans magnétophones, mal préparés à assister à une scène aussi déconcertante, les jeunes garçons se contentèrent de mémoriser de façon empirique quelques bribes de la cérémonie, bien que les plus jeunes soutiennent que les extraterrestres « disaient toujours les mêmes choses ».

Une partie du rituel semble consister dans l'invitation réciproque et réitérée à relire Marx jeune, Marx d'âge mûr, Marx vieux, Marx sénile, Marx adolescent, Marx enfant; suit alors une sorte de lamento ou de chœur funèbre sur l'absence d'une théorie de l'Etat chez Marx. Immédiatement après, faisant preuve d'une singulière saute d'humeur qualitative, le cercle se restreint et commence à bouger dans le sens inverse des aiguilles d'une montre, tandis que les assistants commencent, en rythme, à se toucher l'un l'autre avec leurs tentacules.

Il s'agit, selon certains, de ce qu'ils nomment « ronde de la contribution utile ou de l'approfondissement »; d'autres y décèlent au contraire un véritable jeu éliminatoire, une « comptine » qui a pour fonction d'établir qui, parmi les présents, est le « mauvais marxiste ». Quoi qu'il en soit, dans la mesure où chacun des extraterrestres exécute cette comptine en utilisant simaltanément tous ses tentacules, il en résulte un enchevêtrement gestuel collectif dont le sens, à l'évidence, ne peut être compris par l'intelligence humaine.

Pourquoi donc ces créatures, que nous devons considérer comme supérieures à nous sous bien des aspects, s'intéressent-elles à nos modestes affaires? C'est à cette question, qui n'est pas sans importance, que tente de répondre la seconde partie du rapport UFMA, en présentant une série d'hypothèses autorisées mais, cependant, pas entièrement convaincantes.

Une théorie estime, par exemple, que les MVNI nous ont à l'œil depuis des milliers d'années à la requête d'une supposée Union des galaxies socialistes réelles, dont nous ne serions admis à faire partie qu'après avoir donné des preuves adéquates de maturité démocratique.

D'autres, en revanche, interprètent leur comportement saugrenu, contradictoire, comme un signe d'épuisement ou de névrose : envoyés ici-bas, d'un monde lointain, pour prendre acte de la crise finale du capitalisme, les extraterrestres seraient aujourd'hui perdus, découragés, fatigués de cette interminable attente. Ou bien, nous serions en présence de naufragés : à la suite d'une fatale erreur de navigation, ces Argonautes de l'espace auraient pris notre planète (la troisième en partant du soleil) pour la mythique « troisième voie » vers le socialisme. Ou encore (hypothèse pessimiste) : ayant été en orbite autour de la terre depuis tant de générations, ces *aliens* auraient perdu le sens de leur propre identité. Ils ne sauraient donc plus qui ils sont, ni d'où ils viennent, ni quel peu bien être le but de leur mission parmi nous.

Qui a raison ? Seul le temps pourra le dire. Mais dans l'attente que le secret ultime des marxistes volants nous soit révélé, leur présence, à notre avis, doit être perçue comme une preuve réconfortante que l'homme n'est pas seul dans l'univers.

GUERRE DE LARMES

UNE guerre de larmes, déchirante, serpente à travers les milieux les plus illuminés d'Europe.

« Pourquoi ne pleurez-vous pas sur le Cambodge ? » « Personne ne peut nous accuser de ne pas avoir pleuré sur le Viêt-nam ! » « Ceux qui n'ont pas pleuré sur Prague n'ont pas le droit de pleurer sur le Liban ! » « Si vous avez pleuré pour les Biafrais, vous devez pleurer pour les Afghans ! » « Faisons honnêtement notre autocritique : nos pleurs pour l'Iran sont moins copieux que nos pleurs pour le Chili. »

En particulier en Italie, pays qui a, c'est vrai, une tradition machiavélique, mais qui peut se vanter également d'une solide vocation pour la lamentation et les pleurnicheries, le conflit « fratricide » entre Viêt-nam et Cambodge semble avoir déclenché une authentique réaction en chaîne dans les glandes intéressées. On pleure de ne pas avoir pleuré, on cesse de pleurer, on recommence à pleurer d'un pleur redoublé, on fait, en sanglotant, le serment de ne plus jamais pleurer, on crie qu'il faut encore et toujours pleurer. Une aubaine pour les fabricants de mouchoirs.

Bien avant cette inondation salée, nous nous demandions déjà combien souffre en réalité, vraiment, concrètement si l'on peut dire, cette epèce étrange mais fort répandue d'*homo lacrimans* géopolitique. C'est un problème qui nous a toujours intrigués.

Pour ne pas rester dans le vague, prenons un exemple individuel; essayons de regarder de près l'un quelconque de ces personnages sensibles. Sa journée, comme la nôtre, a vingt-quatre heures. Un tiers environ est consacré au sommeil. Un tiers, plus ou moins, au travail. Donnons-lui trois heures pour ses courses, achats, occupations ménagères, bricoles diverses à effectuer. Il reste cinq heures, dont une au moins est occupée à des conversations futiles avec son conjoint, ses enfants, plus quelques coups de téléphone. Deux heures pour le cinéma, la télévision ou un livre. Une autre heure se perd (il s'en étonne lui-même) on ne sait comment. Il lui reste donc une heure de souffrance à dédier aux hommes, femmes et enfants massacrés à des milliers de kilomètres de son sympathique et tranquille petit logement.

Voici notre homme (ou notre femme) qui s'installe dans son fauteuil; le voici qui commence à penser à ces massacres, voici qu'en lui se déclenche le « clic » de la participation.

Mais à quoi ressemble cette participation? Est-elle semblable par son intensité à la douleur lancinante provoquée par un deuil grave? Ou s'agit-il d'une peine sourde et diffuse, d'un profond accablement de l'âme, qui empêche de dormir, de manger, boire, rire, rencontrer ses amis? Ou encore, ressemble-t-elle à la rage aveugle de l'automobiliste qui en voit un autre, plus rapide, lui faucher sa place au parking? Ou enfin, à la fureur provoquée par le PV sur le pare-brise?

S'il est déjà difficile de mesurer, quantifier les tourments directs, il l'est infiniment plus de faire des calculs qualitatifs sur ces angoisses par idéologie interposée. De l'extérieur, on ne voit pas grand-chose. Le larmoyant international, en fait, ne verse jamais une larme. En face d'une photographie, ou d'un documentaire terrifiant, un cri de colère pourra lui échapper, ou bien quelques mots d'injures contre les malfaisants de service. Certains pâlissent ou deviennent rouges de colère, mais pendant une minute ou deux, au maximum. Puis, pendant une autre dizaine de minutes (qui peuvent aller jusqu'à vingt ou trente, dans les cas de grande verbosité) il s'ensuit une analyse précise ou vague, informée ou attristée, mais, quoi qu'il en soit, toujours de seconde ou de troisième main, au sujet des événements qui ont amené ce massacre particulier et des conséquences qui pourront en découler. Nous sommes là, déjà, dans une phase moins émotive, plus détachée, qui requiert de nombreuses cigarettes. Et ensuite? Il peut y avoir une pause-boisson, l'arrivée d'un ami, un coup de téléphone fâcheux, une pièce de théâtre, un concert à vingt et une heures quinze (précises). La participation se dilue, les coups de canon et les massacres s'éloignent. Parfois, une petite douleur « privée » se manifeste, inopportune : mal aux dents, à l'estomac, ou ce maudit point à l'omoplate qui se refait sentir.

Ce jour-là, l'observateur extérieur ne voit rien d'autre. Le lendemain, le larmoyant reparlera (au bar, au bureau, dans le train, à l'école) de son angoisse généreuse : « Tu as vu? quelle horreur! quelle honte! » « Non; moi je dis que dans un pays où il se passe des choses comme ça... » Mais pour diverses raisons, toutes sacro-saintes, la discussion ne dépassera jamais une durée comprise entre cinq minutes et une demi-heure.

Même dans le cas où il y a « manif », débat, cortège de solidarité envers les lointaines victimes, il est improbable que ces deux heures d'émotion collective soient tout entières sous le signe de la « participation ». Il y a le voisin qui demande du feu. Le camarade avec lequel il faut s'arranger pour se voir samedi. Des vitrines attirantes. Une fenêtre, au troisième étage, où apparaît une dame qui ressemble étrangement à tante Victorine.

Accordons à notre personnage, en faisant le total, vingt-quatre heures par an de souffrance non polluée, non recyclée. Quarante-huit, pour être généreux. Pendant les trois cent soixante-trois jours restants, il mène une vie absolument identique à celle des indifférents et des égoïstes qu'il abhorre; il est animé par les mêmes ressentiments mesquins contre la pluie, le gouvernement, l'inflation, les embouteillages, l'arbitre qui a décrété (ou n'a pas décrété) le penalty; il subit les mêmes frustrations énervantes, les mêmes humiliations de quatre sous : une panne de machine à laver le met en furie; il se tourmente et se démène par amour, pour des vacances qui n'ont pas marché.

Pourtant ces deux maigres jours suffisent mystérieusement à lui donner une parfaite conscience d'altruisme planétaire, le sens d'une supériorité tant morale qu'intellectuelle sur la foule mesquine qui l'entoure. Il est le seul dont l'esprit plane au-dessus des continents et des îles, survole, miséricordieux, les champs de bataille, accoure dans les jungles et les savanes, s'agenouille parmi les morts, assiste par la pensée les moribonds, les réfugiés, les affamés, tout en restant, par suite de force majeure, assis dans son fauteuil.

Jamais ne l'effleure le doute que ses émotions soient inauthentiques, ses larmes politiquement sélectives, ses sanglots partisans et lacunaires; que toute la souffrance multiforme et terrible du monde se présente à lui, tour à tour, comme des cartes qu'il garde ou rejette selon leur utilité, avec le cœur de pierre d'un joueur de poker; d'un de ces suprêmes joueurs de poker qui déplacent des armées et anéantissent des peuples, et desquels il se sent si radicalement différent.

LES ENGAGÉS EN *UT* MAJEUR

Les feuilles qui jaunissent le long des boulevards ne nous donnent pas tant le sens de l'écoulement cyclique des saisons que les polémiques de ces jours-ci sur les concerts dédiés aux victimes de Beyrouth et le recueil de fonds pour les Palestiniens. Nous lisons des accusations et contre-accusations brûlantes, de nobles prises de position, des démissions indignées, des interpellations menaçantes, et tout nous semble tristement automnal, *passé.* L'engagement et la tour d'ivoire, encore? Le rôle de l'artiste dans la société, encore? Le dilemme sur l'art qui doit ou ne doit pas être « neutre »? Pitié, Seigneur.

Avant tout, si les promoteurs de ces initiatives épineuses, à Turin et à Cuneo, ont un tort, c'est celui de ne pas avoir senti (mais où est leur « sensibilité politique »?) que les choses ont changé depuis quelques années, que certaines contaminations ferventes entre l'art et la propagande ne « marchent » plus, qu'elles provoquent uniquement l'embarras, qu'elles jettent un froid, avec tout ce qui s'est passé. Ils sont loin les jours où le public unanime d'un théâtre applaudissait avec enthousiasme les clins d'œil bienveillants de Dario Fo à l'adresse des Brigades rouges. Il est loin le dîner-buffet où il nous advint d'être invités dans une maison milanaise, le soir même après que le pianiste Pollini avait dédié un de ses récitals (quand il faut y aller, il faut y aller) au Viêt-nam en lutte contre l'impérialisme américain.

Des témoins oculaires racontaient l'événement avec jubilation : le pâle virtuose en frac se présentait sur scène et faisait sa déclaration passionnée; les « quelle honte! » haineux des dames (toutes décrépites, couvertes de bijoux et férocement réactionnaires, selon les témoins) qui enfin se levaient et quittaient la salle. Quel scandale! Quelle claque! Quelle leçon de courage civique!

Au milieu d'assiettes volantes chargées de saumon fumé et de bols en orbite remplis de *pasta e ceci,* nous cherchions, en baissant prudemment la tête, à exposer quelques contre-indications prophétiques à ce noble geste. La première, que nous vivons en des temps idéologiquement fluides, pleins de contre-pieds et de feintes; des temps où, en somme, il est dangereux de se pencher au-delors. Ces sympathiques « têtes chaudes » des BR commencent à tuer à gauche et à droite, les petits combattants viêt-namiens se transforment, eux-mêmes, en puissants persécuteurs, envahisseurs, impérialistes, le Russe ratisse l'Afghanistan, le Cubain est mercenaire en Afrique, le sandiniste extermine les Indiens, le khomeiniste massacre les Kurdes, le Palestinien mitraille les enfants juifs, etc. Dans ce jeu tragique où le neuf de pique ne cesse de passer d'une main à l'autre, il peut être juste que l'homme politique, l'expert en affaires internationales se compromettent; mais l'artiste risque, au mieux, de passer pour un couillon s'il y fourre un bec incongru.

Pas du tout! répliquaient les autres, en nous menaçant d'un *tortello* à la courge, en nous pointant sur la tempe un gressin enveloppé de jambon. Ces circonspections petites-bourgeoises ne conviennent pas à l'artiste; il ne doit pas craindre de faire mauvaise figure, son geste d'engagement est absolu, dicté non par des calculs opportunistes mais par une impulsion humanitaire qui transcende les factions, par une évolution secourable qui vient droit du cœur, pas de la carte d'adhérent.

C'est possible, balbutions-nous en reculant vers la table des bouteilles, mais alors on n'en finit plus. Si le ressort est dans une pitié d'une grande pureté, dans une sensibilité supérieure envers les malheurs de la guerre, il n'y a aucune raison (ni aucune excuse) pour s'en tenir à un massacre précis, à des victimes déterminées, à une seule guerre ou guérilla. Un cœur généreux, s'il est vraiment tel, ne saurait faire de distinctions mesquines entre une hécatombe et une autre. Celui qui joue Brahms pour les Jaunes tués par les Blancs devra ensuite, par décence, jouer Chopin pour les Noirs tués par les Cafés-au-lait, et Beethoven pour les Olivâtres tués par les Couleur-acajou. Sa vie deviendrait alors très compliquée. Le matin, il lui faudrait avant tout feuilleter les journaux du monde entier. Bon, voyons un peu ce qu'il y a aujourd'hui comme boucherie... Ah, voilà : onze fusillés au Guatemala, je lcur dédierai Ravel mercredi à Vienne... Et puis, il y a l'attentat des séparatistes basques, trois policiers et un passant qui ont sauté en l'air... Pour eux, je peux jouer Liszt, vendredi, à Chicago; et pour le village rasé en Mauritanie, il me semble que Schumann, mardi à Bruxelles, devrait aller...

D'ailleurs, si l'artiste n'est pas poussé par l'esprit de faction, mais par une intime, irrépressible sympathie envers ceux qui souffrent, pourquoi se limiter aux souffrances provoquées par la guerre? Les victimes de l'autoroute ne sont-elles pas dignes d'une chaconne? Les accidents du travail, de montagne, aériens, sous-marins, les victimes du cancer, de l'infarctus, ceux qui ont glissé dans leurs escaliers ou leurs douches ne mériteraient-ils pas scherzos ou nocturnes ?

Comment une âme délicate peut-elle tracer une ligne de partage, sélectionner sa distribution de larmes, dire « je pleure (et je joue) pour l'enfant criblé de balles mais non pour celui qu'un camion a écrasé tandis qu'il jouait au ballon » ?

Voilà bien les esprits syllogistiques ! protestaient les mangeurs de polenta au ragoût, voilà bien les sophistes ! Les douleurs causées par la guerre sont publiques, et non privées, et comme telles, elles exigent une condamnation morale qui, lorsqu'un interprète public la manifeste en public, acquiert un poids, une résonance d'une portée immense.

C'est vrai, admettions-nous en esquissant un timide mouvement vers les pigeons en sauce, alors on peut améliorer la chose, l'étendre. S'il s'agit de profiter d'un service public pour sensibiliser la clientèle sur certains problèmes sanglants, pourquoi laisser cette noble tâche aux seuls artistes ? Un chauffeur de taxi peut également faire légitimement sa part : « Où allons-nous, Monsieur ? – Via Roma, au coin de la via Cavour. – Très bien. Je dédie cette course aux *desaparecidos* argentins. » Même chose au bar, chez le coiffeur : « Madame, je dédie cette mise en plis aux ouvriers de Gdansk fauchés par les balles de la police », proclamerait le coiffeur. Et le barman, près de la machine à café : « Je dédie cet *espresso* aux victimes de la Bande des quatre. » Employés du tram, cuisiniers, vendeuses, employés des postes ou de banque fourniraient également leur contribution quotidienne, avec d'évidents avantages pour nos consciences un peu ensommeillées et la cause de la paix universelle.

Plus personne, hélas, ne nous écoutait, tous nous

avaient tourné le dos, soit parce que nos paradoxes étaient de mauvais goût (« il y a des choses sur lesquelles on ne plaisante pas »), soit parce que le bruit s'était répandu qu'un dessert varié et alléchant venait d'arriver dans la pièce voisine.

Mais nous ne plaisantions pas; pas plus que nous ne plaisantons aujourd'hui sur ce problème récurrent et répugnant de l'« engagement » auquel seraient tenus l'artiste, le champion sportif, l'amuseur ou *performer* public, en certaines circonstances tragiques. Nous ne croyons pas du tout à la bonne foi, à l'impartialité de ceux qui invoquent de tels gestes. Si on va y voir de près, on se rend compte qu'il s'agit toujours de gens qui ont une carte d'adhérent dans la poche; qu'ils ont l'esprit de faction, d'intolérance, la certitude dogmatique que leur parti a forcément raison, qu'ils sont, en réalité, « engagés » contre des adversaires auxquels ils cherchent à nuire. C'est de la propagande pure, cynique, prête à se jeter avec avidité sur les cadavres « utiles », taciturne et oublieuse dès que bombardements, massacres, exécutions sont le fait d'« amis ».

Depuis qu'il existe des Etats et des partis totalitaires, on a dit et répété ces choses d'innombrables fois, et les épisodes de Turin et de Cuneo indiquent que certains commencent à prendre courage pour résister au chantage. Les artistes qui cèdent, qui se laissent prendre au piège et manœuvrer, doivent savoir que, ce faisant, ils deviennent à leur tour de véritables maîtres chanteurs. Ils peuvent être d'excellents interprètes de Bach, mais certainement pas d'une conscience politique universelle; rien ne les autorise à se servir de Vivaldi, ou de Stockhausen pour imposer à un public de passionnés certaines adhésions extra-musicales dont le timbre est encore et toujours (d'où l'ennui, la tristesse) hitlérien, mussolinien, stalinien.

A toutes les victimes des chantages de toute époque et de tout pays, aux malheureux acheteurs de billets contraints à subir abus de pouvoir moralistes et alternatives captieuses du genre « celui qui écoute Mozart sans penser à la situation au Congo est une charogne », à toutes ces victimes innocentes de la bêtise agressive, des différents conformismes totalitaires, nous dédions solennellement ce feuilleton en *ut* majeur pour deux pianos et orchestre.

IV

FIER CONNARD ET AUTRES PROPOS

Fier connard. En aval, le vieux Destin. Les parapluies violets. Mort et chocolats. L'ère du chantage.

FIER CONNARD

Parmi les pudeurs qui, au cours de ces dernières années, sont tombées au profit des belles franchises fesso-mammaires, cyclo-sanitaires, axillaires, intestinales, sexuelles, phycho-trépanantes et pleurnicho-narcissiques, il faut mettre également la pudeur que l'homme, autrefois, éprouvait à l'égard de sa propre stupidité.

S'être trompé ou fait des illusions, avoir mal évalué personnes et situations, s'être laissé abuser par les apparences ou entraîner par l'enthousiasme, ne pas avoir prévu les effets pourtant concevables de certaines causes, tout cela était, hier encore, matière incontestée à contrition et à honte.

Le coupable s'en mordait les mains, se donnait des coups de poing sur la tête, ne pouvait trouver la paix. Mais quel crétin j'ai été, comment ai-je pu être aussi aveugle, aussi bête.

Dans les cas extrêmes, on pouvait même envisager le suicide; mais sans en arriver là, l'erreur était vécue comme une cuisante mortification, à garder secrète autant que faire se pouvait.

La famille, les amis intimes cherchaient à consoler le malheureux à l'aide d'un répertoire antique et limité de sagesse, *errare humanum est*, personne n'est infaillible, ça te servira de leçon pour une autre fois, dans la vie, on n'a jamais fini d'apprendre, etc. Quant à lui, pâle ou écarlate, selon son tempérament, il implorait, d'un filet de voix, qu'au moins, par pitié, on ne divulgue pas la chose; et il se défilait dans les couloirs, passait sur le trottoir d'en face, parfois même changeait d'habitudes, de domicile, pour éviter les témoins de sa sottise, de sa niaiserie.

On ne trouve pratiquement plus trace, dans la vie d'aujourd'hui, de cette attitude vis-à-vis de l'erreur. Comme s'il y avait eu un mouvement de libération des imbéciles, une authentique émancipation des demeurés. De croustillants alibis d'ordre politique et sociologique, diffusés chez les gens comme des slogans sur les petits-beurre, ont, sans aucun doute, donné un élan en ce sens. Eh bien! oui, Ernesta, je me suis laissé refiler une fausse montre en or, mais c'est parce que, dans cette ignoble société de consommation, le rapport entre vendeur et acheteur se présente désormais, etc. Ou bien : Maman, si j'ai quitté mon mari et mes enfants pour un escroc qui a immédiatement vendu ma FIAT 600 ainsi que mes mocassins de Ferragamo, tout cela est cependant à considérer dans le cadre de ce vaste et irréversible processus d'aliénation de la société bourgeoise que moi, pour ma part, etc.

Alibis vacillants, dira-t-on, pauvres excuses. Mais en attendant, l'idiot marche la tête haute, il a « pris conscience » lui aussi, il s'est faufilé dans les rangs de ceux qui se rebellent contre de séculaires marginalisations sexuelles, ethniques, sociales, nationales, religieuses (parfois on a l'impression qu'il a pris la tête des manifestations), et lui non plus n'éprouve plus le moindre sentiment de culpabilité pour sa « différence ».

Le phénomène est particulièrement voyant dans les affaires publiques. La réforme sanitaire s'enfonce dans un gouffre de gaspillages, escroqueries, incapacités? Le ministre ou le bureaucrate ou le chef de parti qui l'a vigoureusement soutenue contre les objections les plus évidentes et les plus sensées se présente devant les micros avec un sourire serein : C'est vrai, ç'a été sans doute une erreur, mais je ne la renie pas, je ne m'en repens pas. En ce moment particulier, dans cette situation particulière, ce choix avait un sens précis auquel aujourd'hui encore j'adhère pleinement. Façon de dire : j'ai été un crétin hier et je suis prêt à l'être de nouveau demain.

La réforme universitaire se concrétise en saloperies et absurdités bureaucratiques bien plus graves qu'à l'époque des « mandarins ». Elle produit des baisses catastrophiques du niveau d'enseignement et de formation; elle crée des masses d'inadaptés et de chômeurs. Mais les hommes qui la voulurent continuent, la nuit, à dormir sans somnifère et, le jour, à proclamer leur disponibilité pour de nouvelles initiatives vouées à la faillite. Il en a été ainsi pour les autoroutes sur lesquelles personne ne roule et pour celles – indispensables – qui n'ont pas été construites; il en a été ainsi pour les asiles d'aliénés, démolis au nom de radieuses raisons humanitaires qui permettent encore maintenant aux responsables de reléguer dans l'ombre la tragique réalité des cas individuels; il en été ainsi pour l'industrie du bâtiment, paralysée en fin de compte à force de lois et de dispositions qui n'ont jamais fait rougir aucun de ceux qui les ont proposées. Et dans cent autres branches de l'activité humaine, des services publics au commerce extérieur, du fisc aux prisons, de la protection civile aux bureaux de placement, nous retrouvons le même mécanisme : une situation compliquée au départ, une intervention corrective qui aggrave énormément les choses, et un monsieur qui vient nous dire avec solennité :

j'ai fait une bourde colossale mais je n'en ai pas honte du tout.

En somme, les crocodiles ne versent même plus de larmes.

Le citoyen hâtivement « moraliste » attribue cette mutation extraordinaire à l'hypocrisie pure, au simple toupet, et voit, derrière chaque macro-erreur, de louches macro-profits. Et certainement les intérêts de parti ou de portefeuille jouent un rôle considérable dans le délabrement en Italie. Mais pas si grand, à notre avis, que celui qui est joué par la stupidité. Nous sommes convaincus que, si on se mêlait de vérifier les comptes de nos destructeurs nationaux, on découvrirait que la majorité d'entre eux a les mains propres. Ils n'ont rien retiré (pas même un petit appartement sur la Riviera) de leurs épiques méfaits. Wisigoths, mais presque tous probes. Lansquenets, mais en général immaculés. Je ne croyais pas, je n'imaginais pas, je ne prévoyais pas, je ne m'y attendais pas, répètent-ils, candides, parmi les ruines fumantes où rôdent chacals et vautours.

On perçoit parfois une nuance de supériorité dans leurs accents inébranlables; comme s'il y avait quelque mérite à ignorer la part obscure de l'homme, à ne pas prévoir les malins, les voleurs, profiteurs, violents, assassins, à s'asseoir à la table de poker, dans le repaire notoire des tricheurs et des coupe-jarrets, avec l'éclat d'esprit de celui qui joue à la bataille avec sa vieille tante.

C'est la supériorité rhétorique du « benêt de bonne foi », figure comique et meurtrière qui a son piédestal dans l'histoire nationale. J'étais interventionniste, je voulais libérer Trente et Trieste, la guerre me paraissait une belle aventure; c'est vrai, il y a eu par la suite un bon demi-million de morts, mais comme mon idéal était plus lumineux que les tristes calculs pacifistes! J'ai fait la marche sur

Rome, j'ai cru sincèrement dans le fascisme et dans le Duce, mais comme mon élan était plus vital, plus noble, plus joyeux au regard des compromis mesquins et faces du jeu démocratique! J'ai été stalinien, j'ai approuvé avec enthousiasme le goulag, les purges, les répressions, les invasions, j'ai marché sans une hésitation, sans un soupçon pour le Viêt-nam, le Cambodge, l'Angola, l'Iran, mais je ne regrette rien, je serais prêt à le refaire; me voici, le cœur sur la main, prêt à l'offrir à d'autres fanatiques, à d'autres prophètes, à d'autres massacreurs, à d'autres sanguinaires démagogues.

C'est une position qui emprunte souvent les tons de la rigueur morale, mais qui n'est pas sans rapport avec le jeu de bonneteau. Pendant que le spectateur est distrait par des bavardages sur l'optimisme, l'espoir, l'honnêteté (vertus tout à fait respectables, mais qui n'ont rien à voir là-dedans), la main sournoise arrive à changer l'échelle des comparaisons; la niaiserie, au lieu d'être opposée à l'intelligence, à la prudence, au discernement, se mesure au cynisme, à la paresse, à la lâcheté, à la malhonnêteté, à la mesquinerie, obtient ainsi de faciles victoires et reçoit l'impulsion à se reproduire sans fin, avec orgueil.

Pour définir les imbéciles, qui n'étaient certainement pas plus rares en ce temps-là, les vieux Piémontais utilisaient un vivant assemblage de mots; celui-ci, disaient-ils, c'est *una fiera ciula*, un fier connard. Où « fier » signifiait « considérable », « exceptionnel », « admirable dans son genre », selon les définitions du dictionnaire de Tommaseo. Personne ne pouvait imaginer qu'avec le temps allait croître une variété de *ciula*, de connard, littéralement, impudiquement, désastreusement fier de l'être.

EN AVAL, LE VIEUX DESTIN

NOUS proposons aux lecteurs une expérience simple. Prendre un quotidien quelconque, un jour quelconque et, pour commencer, chercher, en les soulignant éventuellement en rouge, les comptes rendus des divers homicides.

Mettons qu'il y en ait deux par jalousie. L'un commis, dans le Sud, par un mari qui avait une conception de l'honneur et du mariage tout à fait archaïque, barbare; crime avant tout « culturel », qui ne se serait jamais produit si les classes dirigeantes, la presse, les partis, la CEE, etc., avaient fait un effort sérieux pour répandre dans ces terres arriérées les lumières de la tolérance et de la civilisation.

Le second, au contraire, est l'œuvre d'une femme, dans le Nord. Une ménagère, névrosée par la monotonie et l'étroitesse de ses horizons, découvre que son mari a une autre femme, elle se sent vieille, laide, perdue et, dans un élan de rébellion existentielle, elle tue l'infidèle et retourne ensuite l'arme contre elle-même; sa réaction aurait été bien différente si elle avait eu l'occasion de cultiver d'autres intérêts (la musique, la peinture, le ciné-club, l'égyptologie), si elle avait pu « se réaliser » dans un travail à temps partiel, des engagements sociaux ou politiques, quelques expériences extra-conjugales, des amitiés, des voyages.

Puis nous trouvons quelques crimes crapuleux. Un règlement de compte entre bandes de la mafia, en amont duquel on trouve le contexte bien connu des complicités, puissantes protections, carences législatives, longue tradition de manigances, corruption, impunité (et on sait d'où viennent les exemples), sans oublier le rejet séculaire de toute forme de vie démocratique.

L'autre forfait est une attaque à main armée (avec mort d'homme) dans une bijouterie, perpétrée par trois mineurs qu'une action éducative intelligente, concrète aurait suffit à tenir à l'écart de ce genre d'affaires. Il fallait, en amont, des centres sociaux et sportifs, des activités organisées mais stimulantes, des modèles qui ne soient pas ceux (pernicieux) de la société de consommation ou de la philosophie de l'argent facile.

En poursuivant notre lecture, nous tombons sur un assassinat terroriste, parfaitement évitable si, simplement, il y avait eu, en amont, de plus amples perspectives de participation, un authentique changement politique et une compréhension plus prompte des phénomènes subversifs de la part des autorités, des syndicats, des intellectuels, etc. Et le crime sexuel raconté à la page suivante était tout aussi évitable, provoqué qu'il était, en amont, par d'antiques répressions et frustrations encore trop répandues parmi nous et, dans une mesure identique, par la diffusion incontrôlée d'images et de suggestions bassement pornographiques et violentes.

Il y a toujours, en somme, une explication bien précise à tous ces meurtres, et on nous la sert ponctuellement à la fin du récit de ces derniers. La même chose vaut d'ailleurs, et à plus forte raison, pour les suicides, que le lecteur de notre quotidien théorique pourrait souligner en vert.

Suicide du jeune recalé? Il suffirait d'éliminer les examens qui sont inutiles, anachroniques et porteurs d'angoisses disproportionnées. Suicide du vieux retraité? Il suffirait d'édifier des maisons de repos commodes et accueillantes pour les vieux, avec parcs, jeux de boules et animateurs spécialisés, où les résidents ne se sentiraient plus seuls ni inutiles. Suicide du petit patron? Un fol esprit de compétition, la tension inhumaine du marché libre ont bouleversé ce malheureux. Suicide du chômeur? Ce qui nous fait totalement défaut, c'est une politique du travail et des investissements à long terme, et voilà le résultat!

Quant aux morts accidentelles (à souligner en noir), il est presque trop évident qu'elles ne sont jamais vraiment complètement accidentelles; elles sont en effet toujours qualifiées de « prétendues ». Comme des chercheurs d'or, tous se précipitent en amont pour déterrer la vérité vraie, faire émerger omissions et responsabilités lointaines et proches, minimes ou gigantesques.

Les catastrophes aériennes sont suivies d'enquêtes techniques extrêmement compliquées, au terme desquelles on nous dit que le métal, que le radar, que la piste, que le second pilote étaient, d'une façon ou d'une autre, défaillants, inadéquats, inefficaces. L'alpiniste inexpérimenté qui « dévisse » en cueillant des edelweiss ne serait pas au fond du ravin s'il avait suivi, dès l'école élémentaire, les cours (souhaitables) sur les pièges de la montagne. Routes et autoroutes débordent de carences et de défaillantes : construire une voie supplémentaire, améliorer la signalisation, faire respecter les limitations de vitesse, réduire les horaires épuisants des camionneurs, imposer les ceintures de sécurité, contrôler l'haleine des chauffeurs, suffirait à épargner des milliers de vies humaines.

Et le baigneur ne se serait pas noyé s'il y avait eu suffisamment de maîtres-nageurs, de panneaux, de piscines; le toxicomane pouvait s'en tirer, si la drogue était en vente libre, ou si l'on pratiquait une assistance efficace envers les marginaux, pour ne pas parler de la guerre contre les trafiquants, menée trop mollement, de façon désordonnée; la tuile n'aurait pas tué le passant, avec un contrôle plus sévère sur l'entretien des immeubles; l'incendie n'aurait pas carbonisé les vingt-huit occupants de la discothèque, avec des matériaux moins inflammables et des pompiers plus nombreux; l'avalanche n'aurait pas emporté les skieurs, avec un tracé plus rationnel de la piste de fond. Et on sait que les accidents du travail, dès lors qu'ils sont mortels, sont, sans exception, du ressort des juges.

Or, il ne fait aucun doute que chacune de ces causes « en amont » ne soit, en elle-même, pleinement fondée; et chacune de ces argumentations apparaît, à la prendre seule, irréfutable.

Toutefois, le lecteur qui nous a suivis dans notre expérience commence à avoir la sensation qu'au point où nous en sommes les comptes ne tombent pas juste. D'accord, il n'est pas permis de mourir comme ça; et comme ça non plus; comme ça c'est une honte, comme ça c'est un scandale; comme ça c'est absurde et comme ça c'est idiot. Parfait, tout cela est juste, pour tous ces types de mort, rouges, verts, noirs, on aurait pu et dû intervenir, prévenir, éviter. Mais à ce moment-là, la question vient d'elle-même : comment diable faut-il mourir, alors? Dans son propre lit? De maladie?

Ça n'est pas permis non plus : car nous savons tous qu'en amont existe une très grave crise de l'assistance médicale, le chaos hospitalier, l'incompétence et la fainéantise du personnel paramédical, la légèreté criminelle des médecins, les normes d'hygiène non respectées, les visites et les contrôles périodiques non effectués, les ambulances introuvables, les dispensaires démunis et bondés, et ainsi de suite. Nous savons tous que le cancer, l'infarctus, les problèmes coronariens, l'hépatite virale, les infections de toutes sortes, les mille maux qui affligent les hommes pourraient en réalité être soignés : il faudrait simplement ne pas fumer, se nourrir plus rationellement, marcher davantage, doter les hôpitaux du matériel nécessaire, combattre la pollution des fleuves et des mers, interdire les désherbants, investir dans la recherche scientifique les milliards que l'on gaspille pour les missiles, et ainsi de suite, de remède en remède, de cause en cause, de responsabilités en responsabilités, toujours plus en amont.

Au sommet de ce mont, flotte le drapeau sarcastique de Swift, de Butler, des créateurs les plus caustiques d'utopies de science-fiction. Car l'idéal de progrès et de rationalité, à force de se dilater et de se diffuser à la manière d'un gaz rose, a fini par donner naissance à une culture irrésistiblement utopique, ou plutôt à une série de réflexes conditionnés qui nous poussent, face à quoi que ce soit de déplaisant, à prendre pince et tournevis pour chercher immédiatement la « panne ». La mort est ainsi devenue pour nous une anomalie, une avarie, un problème, une erreur, une sorte de défaut de fabrication auquel la maison productrice devrait être tenue, par la loi, de remédier. Nous exigeons désormais une vie « sous garantie ».

Si au moins on entrevoyait, derrière une telle attitude, l'espoir totalement absurde, délirant, mais non dépourvu d'une certaine grandeur, de prolonger la vie humaine jusqu'à l'immortalité. Mais ce ne sont là que menues pleurnicheries, protestations d'usager mécontent, lettres aux journaux pour dénoncer l'inadmissible présence parmi nous, en plein 1980, de ce personnage grotesque et réactionnaire avec son manteau noir et sa faux. Notre refus de la mort est entièrement bureaucratique; il ne trouve aucun des accents désespérés et sublimes des grands poètes du passé qui regardaient « ce problème-là » en face. Nous regardons en amont, et nous réclamons des vérifications, suivies de rapports, dénonciations en justice, manifestations, décrets, débats, règlements... Là-bas, en aval, il y aurait bien toujours le vieux Destin, mais nous ne voulons plus le voir, celui-là.

LES PARAPLUIES VIOLETS

Les soutiens-gorge tombent à Alassio, à Varigotti, à Finale, comme les « cotes » arrachées à l'ennemi pendant la guerre de 14-18; juges, agents de police, curés chenus et vieilles demoiselles aigries refluent en désordre le long des vallées du moralisme et de l'obscurantisme bigot. Dans l'air flotte comme un présage de novembre 1918; les dernières résistances ennemies se liquéfient, la feuille de vigne est sur le point de s'écrouler définitivement, le nu intégral est proche, la fesse libre dans un état libre, etc.

Mais il faut pourtant chercher honnêtement à comprendre comment cette fameuse révolution des us et coutumes sexuels nous laisse, nous qui ne croyons pas être de vieilles demoiselles aigries, plutôt froids, c'est le moins qu'on puisse dire. Il peut y avoir une explication très simple : par exemple, si nous avions vingt ans, nous ferions flotter nous aussi le drapeau tricolore à nos fenêtres. Ou bien : il s'agit du sentiment typique d'*anticlimax* qui suit une bataille victorieuse, dont Wellington disait que seule une bataille perdue est plus mélancolique. Ou bien encore : la « chose en soi » nous ferait un grand plaisir, s'il n'y avait pas le triomphalisme des vainqueurs, cette pugnacité pétulante et dolente (« avez-vous vu où nous sommes arrivés à force de souffrances, d'héroïques combats? »).

Sauf que la « chose en soi », tout le monde le sait depuis Kant, est inconnaissable, même quand il s'agit de sexe; et donc il pourrait s'agir d'une réprobation de type, comment dire, philosophique; d'un agacement provoqué par la morgue des simplificateurs grossiers qui croient que l'on peut tout régler avec un peu de nudisme et quelques libres étreintes, alors que les affaires sexuelles sont toujours, en réalité, vertigineusement complexes et trompeuses; des millions de facteurs interdépendants y interviennent sans cesse. Une forme de moralisme intellectuel : de même qu'il nous paraît avant tout malhonnête de dire aux gens qu'il suffit d'abolir la propriété privée et de tuer quelques « patrons » et « serviteurs des patrons » pour arriver tout droit à une société meilleure, de même nous sommes scandalisés non tant par la permissivité sexuelle que par cette implication hébétée qu'elle constitue de toute façon un « pas en avant » sur la voie du bonheur et de la plénitude de la vie.

Un pas en arrière après l'autre, et nous voici rangés non seulement aux côtés des derniers magistrats et prélats d'ancien régime, mais également de la *Komsomolskaja Pravda*, qui récemment attaquait avec virulence un spectacle théâtral où apparaissait une femme (soviétique!) nue.

Mieux vaut chercher des points de référence moins compromettants; par exemple, Alberto Arbasino, écrivain « libertin » au sens noble du terme, celui de l'âge des Lumières, et tenant lucide de ce moralisme au ton familier, dubitatif, non pontifiant, désormais extrêmement rare et que nous préférons à tout autre. Dans un de ses derniers essais, qui a pour titre *Un pays sans*, il manifeste une certaine impatience envers cette grande exultation hédoniste; il rappelle qu'« avant », c'est-à-dire à l'époque des grands caleçons, etc., notre pays n'était pas précisément un couvent cloîtré, et remarque qu'à l'énorme publicité faite au sexe aujourd'hui ne correspond pas, il s'en faut de beaucoup, une activité sexuelle plus vive ou énergique qu'en ces temps-là. Ne serait-ce pas cette disproportion ridicule qui suscite nos réserves, nos haussements d'épaules?

Arbasino a toutefois une réputation de snob frivole et privilégié qui tourne en dérision du haut de sa grandeur toute « prise de conscience » de masse, et à qui répugne, de surcroît, l'expression même « prise de conscience », au point que, seul en Italie, il la met toujours entre des guillemets méprisants. Et voici que le « snobisme » d'Arbasino nous fait penser au « trotskisme » dont fut affublé en son temps George Orwell, autre essayiste dérangeant et sans préjugés. Orwell vécut dans une époque encore pleine d'interdits, où certaines œuvres de Miller, Joyce, D.H. Lawrence, circulaient dans des éditions clandestines et où l'on risquait un procès pour obscénité à publier des cartes postales pour bureaux de tabac avec des illustrations grivoises. Lui-même fut pendant quelque temps gérant du bureau de tabac d'un village, et c'est à cette expérience que nous devons l'essai *The Art of Donald McGill*, admirable apologie de l'humour bas, de la plaisanterie grasse, du double-sens pesant, derrière lesquels il reconnaissait, *à ce moment-là*, et avec raison, le point de vue de Sancho Pança, sa conception de la vie, son bon sens matérialiste, contrepoids indispensable à la sublime folie de Don Quichotte.

Mais où est Don Quichotte, de nos jours? Dans quelque théâtre d'avant-garde où il joue, gestuellement, des porno-aventures libératoires? Orwell ne prévoyait certainement pas une société complètement déséquilibrée vers le terre à terre et ne souhaitait pas, croyons-nous, l'hégémonie incontestée des Sancho Pança. « A la fin, écrivait-il, les grands sentiments l'emportent toujours; les leaders qui offrent le sang, la peine, les larmes et la sueur obtiennent toujours plus de leurs partisans que ceux qui offrent la sécurité et la belle vie. Au moment décisif, les êtres humains sont héroïques. »

Il pensait à Churchill et à l'Angleterre, naturellement; nous autres, ici, nous nous efforçons de penser à Garibaldi, mais nous nous retrouverions plus vraisemblablement avec Mussolini, si revenait le temps des grands leaders. Toutefois, la phrase-clé de l'essai d'Orwell, jetée là au passage, comme une évidence, est la suivante : « Pour prix de leur survie, toutes les sociétés doivent exiger un haut niveau de moralité sexuelle. »

Le mot « survie » sonne comme un glas funèbre le long des joyeuses plages à *monokinis*. Voilà peut-être ce que cachent nos perplexités : la crainte que toutes ces belles émancipations n'amènent au désastre, ne soient le symptôme certain que la fin est proche. Du fond de l'inconscient remontent les textes que l'on traduisait laborieusement au lycée : Caton, Tacite, Suétone, et qui paraissaient tellement abstraits, tellement algébriques : sein découvert égale armée en fuite; dissolution des mœurs égale ruine de la patrie; importation d'usages blâmables venus d'Orient égale désagrégation de la société et invasion des barbares.

Et si c'étaient eux qui avaient raison, après tout? Si ces austères classiques faisaient allusion à une situation ou, mieux, à un climat général peu différent du nôtre?

Si on lit avec ce regard alarmé le reportage de Guy Talese *La Femme d'autrui* (1980), on a les cheveux qui se dressent sur la tête. Talese n'a de commun avec Tacite que les deux premières lettres de son nom, et cette façon de fouiller pendant sept ans dans les nouvelles mœurs sexuelles des couches moyennes des USA, ces expériences scrupuleuses « en payant de sa personne » d'une masseuse à l'autre (sa femme finit par le quitter, parce que, d'accord, le travail c'est le travail, mais quand même), on ne peut pas dire qu'elles font de lui un investigateur très sympaphique; la grande tradition du journalisme d'enquête américain semble bien ici se réduire à un voyeurisme sordide.

Mais ce qu'il nous fait voir, ces communautés orgiaco-rurales, peuplées de matrones lascives mais jamais satisfaites, ces *parlors* où se bousculent, entre treize et quatorze heures, pour un bref « massage », les dirigeants de la plus grande puissance mondiale, cette multitude d'onanistes, la bave à la bouche devant les revues pornos, tout cela est, hélas, très convaincant. Enthousiasmé par l'épopée libératrice qu'il raconte, Talese ne se rend pas compte que durant ces mêmes dix années, étape par étape, dans un parallélisme impressionnant, l'Amérique est allée à vau-l'eau : soldats mous, généraux brouillons, foules troublées, présidents incapables, trésor public dans un état désastreux, les barbares aux portes; et, en tant qu' « historien » ignare de cette dégradation, Talese lui-même, l'homme qu'il faut à l'endroit qu'il faut, en un certain sens.

Qui veut dormir tranquille est tout à fait libre de nier tout lien de cause à effet entre, mettons, la situation en Afghanistan, en Iran et les petites choses décrites dans ce livre; mais, sans considérer les éventuelles conséquences politiques, il faudrait être aveugle pour ne pas voir à quel point tout cela est sordide et déprimant, « esthétiquement » parlant. Parmi toutes les images de jouissance sexuelle évoquées par Talese, il n'y en a pas une seule qui inspire le moindre ravissement authentique. Tous ces démolisseurs de tabous et découvreurs de leur propre « corporalité » n'ont rien, ne font rien que l'on puisse sérieusement considérer comme enviable, désirable; ils vivent de recyclage culturel, de mendicité figurative, ils ne réussisent à inventer rien de léger, d'aimable, de gai, de piquant; rien de neuf, de différent, d'original. Leur luxure est névrotique et imitative, et, par comparaison, les illustrations « vulgaires » de Donald McGill mériteraient une salle aux Offices.

Etait-ce mieux « avant », alors? Valait-il mieux les censeurs, les saisies, les arrestations, les procès, les tabous? Le fait est que personne ne possède les instruments pour mesurer le bonheur et le malheur humain, d'hier ou d'aujourd'hui. On ne peut pas dire. On ne sait pas.

Dans l'intéressante et délicieuse étude sur *Les Amours paysannes* de Jean-Louis Flandrin (collection Archives), c'est justement là le point énigmatique. La vie amoureuse dans les campagnes de France et, en partie, du Piémont, semblerait s'être déroulée pendant des siècles sous le signe de la plus rigide et inhumaine contrainte, l'exact revers de la médaille moderne. Pourtant, parmi les ombres de lois d'une extrême sévérité, de règles cruelles, de calculs impitoyables d'intérêt et d'inconcevables journées de travail aux champs, Flandrin fait étinceler, à l'aide de ses rigoureux documents de micro-historien, de lumineux et mémorables moments de gentillesse, de grâce, de « style », que, pour certains d'entre eux, beaucoup d'entre nous ont eu le temps d'entrevoir de leurs propres yeux. Les veillées hivernales dans les étables, les rites délicats ou amusants pour faire la cour ou fréquenter, le ballet des rencontres sur la place entre le groupe des hommes et celui des femmes, les chants d'une colline à une autre, les rivalités entre villages, les curieuses licences prématrimoniales en Sologne et dans le Val de Suse, certains échanges d'objets symboliques, foulards, ceintures, miches de pain, rubans...

Bien sûr, ce n'était pas une idylle permanente, les petites paysannes et bergères réelles (pas celles de Marie-Antoinette) devaient se plier à l'autorité de leurs parents, des prêtres, juges, évêques, hobereaux, ainsi qu'au poids de l'opinion publique locale. Et les jeunes hommes n'étaient pas beaucoup plus libres. Cependant, dans ce monde aussi étroit, pauvre, soumis, on pouvait cueillir des scènes comme celle-ci :

« Supposez, avant 1914, un voyageur qui, vers sept heures du soir, revient, au mois d'août, des courses de Challans... Sur son chemin rencontre – comme dit la chanson – des deux côtés de la route, au bord des talus, d'énormes parapluies violets, toutes voiles dehors, au manche semblant fixé en terre. Qu'en passant en voiture et au trot, tout à côté, il fasse basculer d'un coup de fouet rapide et habile le parapluie – distraction innocente des bourgeois du pays –, il apercevra aussitôt un jeune couple, en habits de fête, que la plaisanterie n'aura pas trop surpris. Les amants ainsi découverts n'en continueront pas moins à s'aimer... »

A y penser de près, on ne demanderait rien d'autre à la révolution sexuelle. Simplement que, de tous les traités, discours, proclamations, expériences, de cette ferveur pour les explorations physiologiques et les progressions épidermiques, de la liberté bruyante de dire, de faire et de voir, des facilités toujours accrues de contacts, rencontres, échanges, il ne sorte à la fin, d'une façon ou d'une autre, quelque chose qui ait la même force poétique que ces deux rangées de parapluies violets le long d'une route de campagne.

MORT ET CHOCOLATS

CONVERSATION, dans une maison parisienne feutrée, sur la peine de mort. En France, elle existe et beaucoup voudraient l'abolir[1]. Chez nous, elle n'existe pas et beaucoup voudraient la rétablir. Arguments pour et contre, sur lesquels on brode en rond. Un essai très dense de Camus (contre) que tous font mine de se rappeler. Un livre de Mailer (pour, semble-t-il) que personne n'a encore lu.

Pour l'athée, pour le matérialiste pratiquant, la vie humaine ne devrait, *à la rigueur*, rien avoir d'intangible et de sacré, puisqu'elle se réduit à une affaire de pures molécules; pourtant c'est justement de ce côté-là que s'élèvent les plus nettes requêtes d'abolition, tandis que les esprits religieux font montre, en général, de moins de fougue à exécrer le gibet, la hache, la guillotine.

Cette contradiction n'est qu'apparente, relève quelqu'un, étant donné que pour le religieux véritable les événements terrestres, la justice humaine font partie d'une éphémère mise en scène pour figurants; ce qui compte se passe *après* la mort. Tandis que l'athée n'a en main aucune carte à jouer ultérieurement; si, pour lui, ça tourne mal *ici-bas,* il n'a aucun espoir de se refaire. Quelqu'un

1. Elle a été abolie en 1981... Cet article est de 1980. *(N.d.T.)*

d'autre cite, peut-être hors de propos, le vers énigmatique et splendide de Dylan Thomas : « Après la première mort, il n'y en a pas d'autres. »

Mais le matérialiste humanitaire a toujours tué et continue à tuer sans y réfléchir à deux fois, au même titre que le fanatique religieux. Pour le *Coran*, la *Bible* ou *le Capital*, l'individu est zéro, et si sa mort semble utile au triomphe de la Cause, l'éliminer devient licite, c'est même un devoir.

Et la patrie, alors? Et la Raison, elle-même? Combien de gens furent tranquillement collés au mur (ou pire) au nom de ces nobles abstractions?

Tout en prélevant dans un plat d'argent les chocolats de la *Marquise de Sévigné*, la sublime confiserie de la place Victor-Hugo, on se demande si le fanatisme est un état passager, comme le fait de tomber amoureux. Après trois ou quatre ans, on se réveille un beau matin et la tension, le délire, la dépendance morbide et monomaniaque sont finis. Il serait intéressant pour la télé, pour les journaux, de dénicher et d'interviewer des terroristes octogénaires, qui évoqueraient leur antique passion en serrant, dans leurs mains tremblantes, un verre de lait chaud.

Mais s'il s'agit de passion, tant qu'elle dure, ça n'est certainement pas la peine capitale qui la découragera. Il est bien connu que les amoureux (les vrais, pas ceux en peau de lapin) considèrent sans effroi, et parfois avec volupté, les solutions mortelles : seul, en couple, avec massacre inclus, etc. Amour et mort, etc. (en France, Leopardi n'est qu'un nom, mais il y a des chantres acceptables de concepts analogues).

La potence n'est donc pas dissuasive pour le terroriste. Mais ne ferait-elle pas le vide autour de lui, ne réduirait-elle pas les rangs de ses complices les plus timides? Vieux thème qui produit de vieilles et indémontrables thèses.

La pègre américaine parlait de la condamnation à la chaise avec une sinistre image argotique : *fry* (frire), et ce verbe glaçant, affirme-t-on, Dieu sait combien d'assassins potentiels il a retenu par son intimidation sémantique. On ressort les habituelles statistiques. La peine de mort ne fait pas descendre la courbe des crimes. Mais uniquement parce que les exécutions ne sont pas publiques, rétorque-t-on. Les *Pendus* de Villon, avec leurs orbites creusées par les corbeaux, faisaient leur petit effet. Et un général de Mahomet II, qui pénétrait avec son armée en Transylvanie, trouva devant lui une vallée entière remplie de prisonniers turcs empalés par ordre du comte Dracula (oui, celui de la légende des vampires). L'envahisseur, impressionné, battit en retraite, assurent les chroniques du temps.

Un autre hoche la tête : dans ce genre de choses, la « mise en scène » fait tout, et pour être efficace, une exécution a besoin d'éléments qui ont désormais disparu de notre civilisation : ruelles sombres, silence, cloches qui sonnent le glas, roulements de tambours, piétinement des chevaux. Il est impensable de monter une guillotine sur une place pleine de feux tricolores, de panneaux publicitaires, ça finirait par être une opération *rétro*.

Eh bien, mais il s'agirait simplement de s'adapter; de profiter des media, comme le fit le gouvernement nigérian voilà quelques années, pendant une période aiguë d'anarchie. Chaque soir, au coucher du soleil, les caméras de la télévision d'Etat filmaient une demi-douzaine d'exécutions sur la plage. Le boy du narrateur n'en ratait pas une, en préparant le gin-tonic.

D'autres, plus pessimistes, nient que des spectacles de ce genre puissent provoquer un effet de choc dissuasif, car l'« outil » télévisuel étend sur toute chose un voile d'irréalité lassante. Il y aurait bien vite accoutumance, ennui.

Quoi qu'il en soit, notre sensibilité ne peut (plus? pas encore?) tolérer des égorgements publics, cérémonieusement organisés par les autorités, protestent certains. Mais ensuite, en y repensant bien, chacun cite de menus épisodes d'insensibilité barbare, de férocité soudaine. Notre modeste contribution est une petite bonne femme qui, à Turin, dans l'autobus 59, expliquait – en dialecte – comment elle aurait arraché les ongles un par un aux ravisseurs d'enfants. Une sadique? On ne peut jamais être sûr, mais à la voir, comme ça, elle n'en avait vraiment pas l'air.

Nous y voilà, intervient alors un cynique. On ne tient jamais compte de ce que la vraie fonction de la peine capitale n'est en aucune façon d'effrayer les criminels, mais bien d'« encourager les autres », en un certain sens. Ceux qui respectent plus ou moins les règles du jeu, ne tuent pas, ne volent pas à main armée, ne commettent pas d'enlèvements, ne violent pas, ont besoin de voir les transgresseurs collés au mur. C'est un sentiment de revanche très fort, au moins tout aussi défendable, sur le plan théorique, que l'impulsion qui pousse le bandit à entrer dans une banque en braquant ses pistolets. Autrement, l'honnête homme se démoralise, déprime, travaille mal, se dispute avec ses voisins, cesse de partir en vacances à Megève. *A quoi bon?* commence-t-il à se demander. C'est le début du délabrement social. Donnez quelques satisfactions froidement symboliques à ces précieux esclaves de la routine et vous aurez le progrès, le développement économique et tout le reste.

Une belle dame à l'esprit pratique trouve que, symbolisme pour symbolisme, certaines formes de punition visibles pendant longtemps (couper les mains ou les oreilles, marquer le front au fer rouge) sont beaucoup plus utiles que la peine de mort. Bokassa, lui fait-on remarquer, ne s'en est pas sorti avec de tels systèmes. Mais c'est avec le gibet et le chat à neuf queues, bien plus qu'avec les terrains de jeu d'Eton, que l'Angleterre mit sur pied et conserva pendant deux siècles sa suprématie maritime et son immense empire.

Cela même n'est pas démontrable; la France, en utilisant des méthodes tout aussi dures, perdit le sien. Qu'en dit Machiavel? nous demande-t-on. Il n'en dit rien, répondons-nous, car l'idée d'abolir la peine de mort aurait semblé tout à fait comique au seizième siècle. Mais nous nous rappelons un passage où il explique comment les Florentins, ayant traité avec indulgence et modération une cité rebelle, durent l'écraser d'une poigne de fer quelques mois plus tard.

Quelques têtes coupées au bon moment éviteraient donc la nécessité de massacres successifs. Oui, mais quel est le bon moment? Le Tzar, en 1905, le comprit. Et Lénine le comprit aussi lorsqu'il liquida les révoltés de Kronstadt, en 1921. Louis XVI ne le comprit pas. Le Shah non plus. Le problème est toujours politique; c'est affaire d'intuition, d'opportunité, de sensibilité politique; et c'est un problème qui se pose tel quel aux terroristes aussi. Il ne suffit pas d'être sans pitié. Ou sinon, il faut en arriver au monstrueux, à l'implacabilité totale d'Attila, d'Hitler, de Staline.

Des frissons courent le long des canapés moelleux, on verse dans les verres de réconfortantes liqueurs. Sommes-nous sur le point de redevenir des fauves après quelques décennies de relative civilisation? Chacun scrute à l'intérieur de soi-même en craignant d'apercevoir un ogre aveugle et terrible en léthargie précaire.

Par ailleurs, si l'on quitte notre Europe privilégiée, si l'on pense au Biafra, au Pakistan, à l'Indonésie, au Viêt-nam, au Cambodge... Mais personne n'a envie d'y penser, les chocolats de la *Marquise de Sévigné* sont excellents, mais peut-être un tantinet moins délicats que ceux d'un certain magasin de Bruxelles, ou de Zurich, ou de Turin... ?

Un sophiste obstiné observe qu'il faudrait poser la question dans ces termes : si une civilisation en est réduite à appliquer la peine de mort pour survivre, cela signifie qu'elle est déjà perdue; la potence ne se justifie que lorsqu'elle est superflue, comme les chocolats.

Nous protestons et reformulons de façon plus noble ce syllogisme : une civilisation est telle aussi longtemps qu'elle produit des chocolats de ce niveau; loin d'être superflus, ils constituent la seule alternative idéale à la potence.

Tous se resservent en se sentant moins frivoles.

L'ÈRE DU CHANTAGE

LÂCHE, odieux, infâme, c'est ainsi qu'on définit le chantage (comme s'il en était de sympathiques, de mignons) chaque fois qu'il se présente sans masque, impudemment. Mais ces adjectifs indignés servent à cacher une vérité déplaisante : le chantage fait partie de notre existence au même titre que le gaz de ville, le téléphone, le plastique.

Nous voudrions nous persuader qu'il s'agit de quelque chose d'étranger à notre monde, d'incompréhensible, comme la lettre de change dans une économie primitive; ou tout au moins, d'exceptionnel, d'aberrant. Alors que, malheureusement, le chantage est devenu usuel dans nos rapports avec les autres. Il y a l'insulte, le divorce, l'amour, la flatterie; et il y a aussi le chantage, auquel nous nous sommes peu à peu habitués.

Quotidiennement, systématiquement, nous sommes soumis et nous recourons nous-mêmes à des formes de chantage publiques et privées qui ne nous scandalisent plus, nous apparaissent même tout à fait naturelles.

C'est le cas de la prétendue « société du bien-être », dont beaucoup dénoncèrent, dès sa première apparition, la façon sournoise de faire du chantage. Achète à crédit la nouvelle Takott Sprint DZ à cinq vitesses, prescrit en substance la publicité, autrement tu porteras à jamais une marque de gueux, de traîne-misère. On joue sur la vanité, sur le désir de prestige, sur l'émulation par rapport aux couches « supérieures »; mais également sur la crainte de déchoir dans la considération des collègues, amis et petites amies; de ne pas être à la hauteur des autres, avec de sérieuses conséquences pratiques. Des bibliothèques entières furent écrites sur certaines entreprises américaines où tout, de la maison à la femme, de la cravate au chien, devait être « adéquat », sous peine de stagnation de la carrière, voire de licenciement.

On peut dire qu'un des ressorts de toutes les « modes » est le chantage : le bronzage comme le whisky de cinq (puis de huit, de douze, de dix-huit) ans d'âge, le dernier film à succès, le dernier livre primé comme le petit restaurant de banlieue inédit. Celui qui ne peut y accéder, ou que ça n'intéresse pas, n'est pas des nôtres, il est exclu; et le mot « exclusif », dans le sens anglais de « réservé à un petit nombre », tient d'ailleurs une place menaçante dans les slogans des savonnettes les plus abominables, des ensembles résidentiels les plus angoissants.

Il est sans importance que ces exclusions soient souvent imaginaires. Ce qui compte c'est que les exclus les perçoivent comme réelles, se sentent *vraiment* inférieurs, *vraiment* diminués sans cette veste-là, ce modèle-là de réfrigérateur. Mais alors, je serais vraiment un pauvre type, un incapable, un imbécile, un raté, se persuade la victime du chantage; et il met la main au portefeuille pour échapper avant tout à cette image déprimante de lui-même.

Mais le chantage fonctionne encore mieux dans la sphère affective; les aliments pour nouveau-nés et, en général, toutes les marchandises destinées aux enfants sont là pour le démontrer. Il faut avoir la trempe des parents de la Rome antique (époque républicaine) pour résister au biscuit vitaminé, au chewing-gum anti-carie ou cérébro-stimulant. Ici, au lieu de jouer sur la terreur de la réprobation et du rejet social, le chantage s'appuie directement sur le sentiment de culpabilité. Si tu ne m'achètes pas – insinue le produit pour bambins –, tu es une mère sans cœur, un père dénaturé. Tes enfants grandiront mal, anémiques, édentés, crétins; et plus tard, privés de la raquette X, de la chaussure de ski Y, ils auront une adolescence malheureuse, maniaco-dépressive, exposée aux mauvaises compagnies et à la drogue. Suis-je donc une criminelle? se demande la mère, bouleversée. Serais-je un monstre? pense le père, horrifié. Et ils courent acheter.

Quant aux enfants, qui constatent dès le berceau combien le chantage est rentable, ils le pratiquent ensuite avec une habileté raffinée dans tous les domaines. Nous avons élevé des générations entières de maîtres-chanteurs. Qu'elle soit formulée ou implicite, la menace a toujours la même structure : si tu ne me donnes (ou ne me laisses faire) ce que je veux, je te combine une crise de larmes de deux heures et demie avec collapsus respiratoire final, ou je fais une fugue, ou je vais voler dans un supermarché, ou je me jette par la fenêtre, et tu en éprouveras un éternel remords.

La parenté avec le très antique chantage amoureux saute aux yeux; ou tu me donnes un baiser, ou je me plante ce poignard dans le cœur (ou encore : si tu ne m'emmènes pas au cinéma, c'est que tu ne m'aimes pas). Ici, l'astuce du maître-chanteur consiste à instituer un lien causal entre deux choses incommensurables. Qui aurait le courage d'envoyer un homme à la mort pour un baiser refusé? De détruire son mariage pour un film?

C'est dans la même position insoutenable que se

retrouve la mère qui interdit un jeu risqué pour l'ameublement du salon; l'enseignant qui n'accorde pas la moyenne; le juge qui voudrait inculper le voleur à la tire. De cette petite chose on fait dépendre une entière destinée humaine; celui qui résiste, qui refuse, l'aura pour toujours sur la conscience.

Il est clair que les tragiques séquences mises sous le nez de la victime du chantage n'auraient aucune prise, aucun pouvoir de conviction en l'absence des media. De la chronique au jour le jour au courrier du cœur, à l'enquête, docte, au débat « approfondi », le chantage humanitaire triomphe ici sur toute la ligne. Né avec le romantisme, pratiqué par de grands et généreux écrivains, réduit à n'être qu'un poncif polémique et propagandiste par des lettrés anarcho-décadents et social-évangéliques, il se fonde sur trois ou quatre axiomes qui sont toujours les mêmes depuis cent ans. La prostituée est plus pure que la marquise. Le paria des bas-fonds est meilleur que le riche capitaliste. La société bourgeoise est coupable de tous les maux et de toutes les laideurs de ce monde.

C'est à la diffusion de ces petits refrains faciles à retenir (bien plus qu'aux analyses assidues des chercheurs en socialisme scientifique, réel, irréel) que nous devons pour bonne part notre actuelle condition de victimes permanentes du chantage.

Voici un pluri-homicide; et voici aussitôt, à côté de la chronique de l'épouvantable fait divers, un commentaire, une interview qui pourvoient à faire s'évanouir la responsabilité de l'assassin. Il était renfermé et introverti, ou, au contraire, il allait toujours au bar, toujours en boîte. Sa famille le tyrannisait, l'étouffait; ou au contraire, le gâtait, lui laissait trop de liberté. En tout cas, on aurait pu le sauver. Comment? Eh bien, par des interventions, en temps voulu, d'ordre social, culturel, pédagogique, récréatif, etc.; avec les structures et les infrastructures nécessaires, dont l'absence, en fin de compte, est due, sinon à l'égoïsme, à l'aveuglement, à la mesquinerie obtuse des gens « soi-disant » comme-il-faut, « soi-disant » normaux. Ligne après ligne, le lecteur se retrouve le dos au mur. En somme, le vrai coupable, c'est lui.

On dépose devant sa porte toutes les choses qui vont mal, et s'il se hasarde à protester, la mécanique du chantage l'écrase aussitôt. Ah! tu voudrais faire dégager les voies bloquées depuis trois heures? Tu demandes le respect de la légalité, l'intervention de la force publique? Et tu ne penses pas aux sacro-saintes revendications des manifestants, à leurs familles sans pain? Que vaut ton misérable rendez-vous manqué en comparaison du désespoir de trois ou quatre cents personnes? Tais-toi, abject égocentrique, nazi potentiel.

C'est ainsi que pendant des années on fit chanter des millions de parents et d'enseignants dans toutes les écoles d'Italie. Quelle importance pouvaient avoir quelques bousculades, quelques coups de barres de fer, quelques gros mots en classe en comparaison de la libre expression de la vitalité juvénile? Et toi, adulte décrépit, limité, dépassé, tu prétendais rogner les ailes de ces âmes exubérantes et imaginatives? Tu n'étais qu'un vermisseau envieux, et rien d'autre. Un réactionnaire rabougri, baveux, condamné par l'histoire.

Un très beau sermon de John Donne, repris par Hemingway dans *Pour qui sonne le glas*, se transforma, grâce à ce mauvais roman, en un formidable instrument de chantage. Aucun homme n'était une île, et chaque homme était donc tenu de participer par des meetings, des manifestations, des oboles, des signatures, à ce qui se passait aux quatre coins de la terre. Le réfractaire subissait un double chantage : inhumain, aride, complice objectif des massacreurs et des exterminateurs, d'une part, et de l'autre, de surcroît, stupide, à courte vue, voué à sa propre perdition et à celle de son funeste isolationnisme, puisqu'il ne voyait pas que ces lointaines batailles le regardaient de près, qu'elles étaient étroitement liées à la situation européenne, italienne, régionale, etc. Il apparut par la suite que la politique internationale était un brin plus compliquée et paradoxale, que le café-bar du coin n'était peut-être pas le lieu le mieux approprié pour discerner le véritable jeu des grandes puissances. Mais le mécanisme du chantage à la participation est resté à la disposition de quiconque désire s'en servir.

Le « soi-disant » homme de la rue, dès lors qu'il fait preuve d'un minimum de réticences, se retrouve pour commencer qualifié de « soi-disant »; qualificatif vague mais certainement dépréciatif. Puis on passe au martèlement politico-sociologique, renforcé par les vieilles artilleries religieuses : avare, paresseux, matérialiste bas et vulgaire, asocial, acrimonieux, atrabilaire, mauvais. Et, à l'autre extrême, reliés par le fil élastique de la responsabilité « objective », voici venir les masses affamées du tiers monde, voici les petits vieux dans leur mansarde gelée, les drogués sous les ponts, les criminels dans leur prison, les sans-abri, les victimes des tremblements de terre, les persécutés, les laissés-pour-compte, bref, tous les malheureux. Et toi, tu manges ton savoureux sandwich. Tu écris un poème. Tu prépares tes vacances en caravane. Tu ne bouges le petit doigt pour personne.

Et dans ce nuage, vaporisé par la bombe à faire chanter qui a envahi chaque jour de notre vie, chacun de nous se sent lâche, odieux, infâme, comme le chantage.

V

EST-IL CON ?
EST-IL MÉCHANT ?

Il paraît que... Armons-nous et allez vous battre. Soixante-huitards nostalgiques. Qui donc l'aurait dit.

IL PARAÎT QUE...

Cet article remplit d'une telle fureur le colonel Kadhafi, en 1973, qu'il menaça le gouvernement italien de graves rétorsions si le directeur de La Stampa *et nous-mêmes n'étions pas immédiatement « mis à la porte ». Le pauvre, en effet, avait pris à la lettre nos « propos diffamatoires » concernant l'auteur présumé de ses discours, le petit sanglier rôti qu'il aurait mangé à lui tout seul en Yougoslavie, le harem de quarante-huit femmes qu'il entretiendrait en Suisse, etc. Il en fut pour ses frais, évidemment. Mais l'épisode jette une sinistre lueur sur le dilemme diderotien posé par le présent chapitre.*

La conférence de presse accordée récemment à Paris par le colonel Kadhafi à deux cents journalistes occidentaux ne nous semble pas avoir obtenu, de la part des commentateurs spécialisés et du public en général, l'attention qu'elle méritait. Les journalistes – à en croire les chroniques – étaient extrêmement irrités car, convoqués à dix-huit heures, ils durent attendre Kadhafi en pleine rue jusqu'à minuit, heure à laquelle on leur dit que la rencontre était reportée au lendemain matin. Un détail insignifiant que le lecteur, en admettant qu'il l'ait remarqué, associe machinalement à ces groupes tumultueux de photographes de presse en bras de chemise qui attendent Liz Taylor à l'aéroport. Ils sont payés pour ça, non?

Mais les journalistes qui attendaient Kadhafi étaient d'une tout autre espèce, économistes et orientalistes illustres, philosophes et hommes politiques, *columnists* influents de grands journaux d'information. La scène est donc bien différente et déplaisante : ces hommes, immobiles pendant des heures sur le boulevard, pour bonne part d'un certain âge et vêtus de complets bleus, avec gants et parapluie, ne sont pas habitués à recevoir un tel traitement d'un chef d'Etat étranger. Il leur sera, bien entendu, arrivé de faire longuement antichambre, de recevoir des affronts; mais toujours selon des règles strictes de respect pour les formes, pour les apparences. Plus qu'« extrêmement irrités », il est donc probable qu'ils se soient sentis « extrêmement humiliés ». Et, pour les moins jeunes d'entre eux, extrêmement effrayés. Alors, nous y revoilà, auront-ils pensé en frissonnant, au souvenir d'autres chefs d'Etat qui, en des temps encore proches, ne jouaient pas le jeu des bonnes manières.

Peu importe que la « force » de Kadhafi et autres chefs arabes du même acabit soit indirecte, relative, qu'elle provienne du pétrole et de la protection de la Russie. Comme la commedia dell'arte, l'Histoire improvise pour ce qui est des détails, mais s'en tient à quelques règles de fer, toujours semblables, en ce qui concerne l'essentiel. Et à la conférence de presse de Paris, les éléments inamovibles du drame étaient tous là. D'un côté les frivoles damoiseaux, de l'autre le brutal et son bâton. D'un côté les courtois, gâtés, sophistiqués, captieux et impuissants fils et petit-fils de la démocratie européenne, de l'autre un dictateur à tendances mystiques qui tient le couteau par le manche et montre qu'il le sait. Le reste n'est que fumée, gaze, diversion, variante scénique, jeux d'éclairages colorés, sans importance.

Le comportement de l'Europe envers Hitler, de 1933 à 1939, ne permet pas beaucoup d'illusions sur ce qui nous attend, durant les prochaines années, au niveau diplomatique, idéologique, religieux, culturel et des mœurs. L'effrayant murmure bien informé « il paraît que » encombrera de nouveau nos oreilles.

« Il paraît que Kadhafi est en réalité une créature de la CIA. Il ne bouge pas le petit doigt sans lui demander la permission. »

« Il paraît qu'il compte pour du beurre. Ce sont les deux religieux qu'il emmène toujours avec lui qui tiennent tout en main. »

« Ses discours, il paraît que c'est un représentant de commerce italien qui les lui écrit, un certain Cavilli, de Novara. »

« Un religieux fanatique? Tu parles! Il paraît que, lorsque Tito l'a invité, il a mangé un marcassin rôti à lui tout seul. »

« Non, lui personnellement c'est un homme extraordinaire. Il paraît qu'il travaille vingt-deux heures par jour. »

Et il paraît qu'il a un ulcère, il paraît qu'il est homosexuel, qu'il dort sur un matelas en feuilles de tabac, qu'il entretient un harem de quarante-huit femmes en Suisse, qu'il aime Mozart, qu'il ne peut pas souffrir les motos et les œillets. Et il paraît surtout que nous autres, Italiens (ou Français ou Anglais ou Allemands), il nous aime bien, il nous estime, il nous admire particulièrement, il veut nous vendre, et même, par en dessous, il est en train de nous vendre (« il paraît qu'à Gênes... ») des fleuves de pétrole.

L'écœurante jacasserie s'élargira inexorablement et finira par inclure la « voie islamique au socialisme ». Un négrier, un tueur de Cosa Nostra pourraient aujourd'hui exercer légalement leur profession simplement en ayant la finesse de la dissimuler sous cette merveilleuse breloque inventée par les tenants du *nonsense* politique international. L'ONU elle-même n'émettrait pas un soupir contre une « voie mafieuse » ou une « voie esclavagiste » au socialisme. La « voie islamique » qui, d'après la conférence de presse de Kadhafi, s'avère une de ces doctrines qu'un enfant de sept ans pourrait aisément réfuter, sera donc prise très au sérieux en Europe.

Ce sont toujours les enfants qui disent que le roi est nu; les adultes ne tarderont pas à concocter des numéros spéciaux de doctes revues, en démontrant ce qu'il y a de « nouveau », de « vital », de « qualitativement différent », de « signifiant » et bien entendu de « valable » dans cette tentative d'accoupler Marx et Allah. Pauvre et austère Marx! À combien d'accouplements exotiques il a eu droit, ces cinquante dernières années!

Puis, une dame de Milan, de Turin, ou plutôt de Rome (ô mânes de Malaparte, de Ciano!) décidera tout à coup que Kadhafi est beau :

« C'est un bel homme, annoncera-t-elle résolument.

– Mais, tu veux dire... fascinant, magnétique, charismatique?

– Non, non. Beau. Vraiment beau, et tu sais ce que je vais te dire? Dès lundi, je commence à prendre des leçons d'arabe. Au fond, les chiffres, je les connais déjà, non? »

On s'arrachera, littéralement, les rares arabisants et islamisants existant en Italie. Galilée, tout à coup, fera figure de nain auprès d'Averroès. Des boîtes de nuit, qui s'appelaient « Picadilly » ou « Mocambo », seront rebaptisées « Alhambra », « Muezzin », « Oasis ». On ouvrira des centaines de restaurants arabes, personne n'échappera aux brochettes de mouton, à la semoule, aux dattes et anchois frits (« tu sais, eux, à vrai dire, ils y mettent aussi du piment rouge... »). La mode des voiles qui cachent le visage se répandra et les instituts de beauté mettront à la disposition de leurs clientes des chameaux mécaniques dont la démarche est excellente pour la ligne. Une adaptation cinématographique du *Roland furieux* montrera des Sarrasins mignoooons et des croisés absolument odieux, un urbaniste de Bologne établira la supériorité de la forme « minaret » sur la forme « campanile », un critique d'art, pâle et agressif, proclamera que les hiéroglyphes d'un tapis persan valent mieux que toute la peinture de la Renaissance.

La télévision diffusera, le samedi soir, de succulents documentaires où nous pourrons admirer des Arabes qui conduisent leur voiture, des Arabes qui vont au bureau, des Arabes qui jouent aux boules, exactement comme nous. Et nous ne serons pas privés d'articles de fond intitulés « L'Islam, entre foi et technologie », de billets d'écrivains célèbres qui diront « La vérité sur Ronceveaux » et se demanderont « Garibaldi était-il arabe? ». On comparera, inévitablement, la révolte du Mahdi aux *Vêpres siliciennes*; et, inversement, l'œuvre de Verdi sera jouée, à la Scala, en costumes arabes. Eh bien, diront les musicologues les plus renfrognés, effectivement, il y a bien quelque chose. Effectivement, dira un sévère théologien, il faut reconnaître que la religion islamique et le christianisme... Claudio Villa remportera le festival de San Remo avec la chanson « Mecque, Mecque! »

Entre-temps, dans les chancelleries, on multipliera les astuces, les exercices d'équilibrisme, les distinctions, les interprétations, les pauvres sautillements, les tragiques évolutions de ceux qui doivent danser attachés à une corde qu'un dompteur capricieux et imprévisible tient en main.

« N'exagérons pas, Kadhafi n'est pas l'Islam. »

« Les cheikhs ne forment pas un front uni, je le sais de source tout à fait sûre. »

« Le Shah a de gros problèmes intérieurs, mais les Américains, un jour ou l'autre... »

« Ne parlons pas du Liban, qui est pratiquement une grosse banque occidentale... »

« Il paraît que Boumedienne y est farouchement opposé. »

« Il paraît que Bourguiba est très écouté à Moscou. »

« Il paraît que Ribbentrop a rencontré Pompidou en secret. »

« Il paraît que notre chargé d'affaires a obtenu de Goering l'assurance formelle que... »

« Il paraît que le Vatican a des contacts au niveau le plus élevé en vue de... »

« Il paraît que sur la question des Sudètes " il " serait tout à fait prêt à... »

Il nous paraît, à nous, qu'il n'est pas déplacé de rappeler ici, en demandant au lecteur de faire de lui-même les transpositions nécessaires, deux lettres de Francesco Vettori, ambassadeur de Florence à Rome en 1513 : « Mais, mon cher compère, nous musardons parmi les chrétiens et laissons de coté le Turc, lequel sera celui qui, tandis que ces princes traitent des accords, fera des choses dont bien peu maintenant ont idée... La fortune lui est favorable, il a par-devers lui maint soldat en faction, il a de l'or en abondance, il a des terres fort étendues, il n'a aucun obstacle, il a conjonction avec le Tartare... »

« ... et je crains que Dieu ne veuille nous châtier, nous, misérables chrétiens, et tandis que nos princes sont tous irrités l'un contre l'autre, et que nulle façon de les faire composer ne s'entrevoit, que ce nouveau Seigneur Turc ne nous assaille, et par terre et par mer, et ne mette fin aux afféteries des prêtres et aux délices des autres hommes. »

Le compère, naturellement, n'est autre que Machiavel.

ARMONS-NOUS ET ALLEZ VOUS BATTRE

COMME on pouvait le prévoir depuis longtemps, le déprimant mais fort sérieux problème de la liberté d'expression revient au premier plan. Pour l'instant, ce sont les intellectuels allemands qui s'en préoccupent, car, contre eux, depuis les dernières actions de la Fraction Armée rouge, voix menaçantes de blâme et accusations de responsabilité morale commencent à se lever.

Les accusés – universitaires, écrivains, journalistes, chercheurs en sciences sociales, etc. – ont répondu par une sorte de « manifeste » : où, d'une part, on déplore le terrorisme « inutile et dangereux »; mais où d'autre part, en évoquant le spectre de la répression nazie, on réaffirme que l'intellectuel est le sel de la terre et a le droit d'exprimer ses idées avec une absolue liberté, sans tenir le moindre compte de la façon dont elles peuvent être interprétées et éventuellement appliquées par d'autres.

Cette indignation au ton solennel est en réalité vague et sentimentale; elle rappelle les protestations de l'assuré social qui sent s'approcher le moment où on va supprimer la gratuité totale des médicaments et des analyses. En ce qui concerne l'expression de désirs, projets, et exhortations révolutionnaires de toutes sortes, l'Europe a connu, en effet, dans les dix ou quinze dernières années, un régime « d'assurance maladie à cent pour cent », sans précédent dans son histoire; et cela, même si Guattari, Sartre et autres starlettes de la variété culturelle chantonnent le contraire d'une voix de fausset.

Il est humain que les bénéficiaires d'une aubaine aussi inespérée s'alarment en entrevoyant à l'horizon une forme quelconque de ticket modérateur. Subtilement contaminés par une économie de consommation euphorique, de paiements différés, de financements joyeux et expansifs, les intellectuels « progressistes » ont fini par oublier que le monde des idées n'a jamais été celui des assurances sociales italiennes.

Sans aller déranger Socrate ou Giordano Bruno, leurs prédécesseurs du dix-neuvième siècle avaient toujours en tête les vrais termes de la question; ou bien on se retire à la campagne pour écrire le sonnet au rossignol, l'ode à l'eau fraîche, ou bien, il faut payer un certain prix pour ses idéaux, comme on disait alors.

Shelley fut chassé d'Oxford pour s'être déclaré publiquement athée. Wordsworth et Coleridge furent surveillés par la police anglaise, pendant toute la période napoléonienne, pour avoir écrit des vers à la gloire de la Révolution française. Byron, avec de nombreux autres lettrés d'âme libérale, alla faire la guerre en Grèce, où il mourut, non à cause d'une balle turque, mais du fait de l'incapacité des médecins. Silvio Pellico, délicat dramaturge, passa stoïquement en prison les meilleurs années de sa vie. Foscolo et Hugo acceptèrent la tristesse de l'exil, Nievo combattit avec Garibaldi, et même Baudelaire, pendant la révolution de 1848, laissa de côté son *spleen* aristocratique et descendit un soir dans la rue avec un fusil qu'il n'eut d'ailleurs pas l'occasion d'utiliser.

Et l'on ne compte pas les intellectuels anarchistes, socialistes et communistes qui, convaincus du caractère intrinsèquement mauvais du capitalisme, tenaient pour allant de soi les vexations et persécutions que le monstre leur faisait subir; on ne compte pas les pacifistes, comme Bertrand Russell et D.H. Lawrence, qui estimaient normal le dur ostracisme dont ils étaient victimes dans leur pays fanatisé par la guerre; ni, à l'opposé, les impérialistes, patriotes, interventionnistes, futuristes, partisans du « bain de sang » et simples poètes de l'action qui, le moment voulu, prenaient matériellement un fusil et partaient sur le front.

A part les exceptions habituelles, chacun assumait automatiquement, avec dignité, la responsabilité de ses propres convictions, chacun aspirait à un maximum de cohérence entre ce qu'il disait et ce qu'il faisait, ainsi qu'en attestent d'innombrables exemples pendant la période fasciste. La honte, en somme, ne se maquillait pas encore sous le nom de « contradiction ».

Le bien-être et la permissivité générale semblent avoir dissous en un instant ce sens salutaire de l'engagement personnel. L'attitude des intellectuels, préoccupés par le ticket modérateur idéologique, oscille entre le désinvolte et le pleurnichard comme celle d'un automobiliste arrêté alors qu'il roule à cent quarante sur une route départementale. Mais pourquoi, mais comment, mais qu'est-ce que j'ai à voir avec les terroristes, les exaltés, les provocateurs du P .38? J'allais tout doucement, je n'ai jamais dit, jamais pensé, jamais écrit; j'ai été mal compris, déformé, on a indûment extrapolé mes conclusions; mon enseignement était infiniment plus riche, plus complexe, plus nuancé que ces grossières applications pratiques.

C'est une ligne de défense qui n'est pas nécessairement vile ou captieuse. Tout le monde peut se tromper, commencer par Rousseau et finir avec le bourreau de Paris, partir avec D'Annunzio et se retrouver avec des assassins. Mais on aimerait voir un peu d'orgueil, étant donné qu'auparavant on avait vu si peu d'humilité. En outre, ces maîtres penseurs, qui jusqu'à hier se complaisaient à faire éclater des prises de conscience comme du popcorn, ne peuvent aujourd'hui jouer les étonnés, les incompris sans mériter l'accusation que leur portent, d'un commun accord, bourgeois, communistes, guerilleros; celle d'être des saintes nitouches capricieuses qui feraient mieux de rester à l'écart de la politique; une petite caste névrotique, avant tout désireuse d'immunité et dont le credo fondamental se résume au dicton populaire : « Armons-nous et allez vous battre. »

La lecture d'un livre exemplaire et tragique (*The life and death of the SLA*, publié par Ballantine) pourrait sans doute être de quelque utilité à ces gens-là. Trois journalistes américains y racontent ce qu'il a été humainement possible de reconstruire avec certitude sur l'Armée symbionèse de Libération, ce groupe de terroristes qui, en 1973, enlevèrent à San Francisco Patricia Hearst et furent pratiquement tous tués par la police dans un faubourg de Los Angeles en 1974.

Leur chef était Donald De Freeze, un jeune Noir, issu du sous-prolétariat (père ivrogne et brutal, enfance dans la rue, nombreuses condamnations pour petits ou moyens délits). Débarqué à Vacabille, prison californienne vouée à la thérapie de groupe et à la reconstruction morale des détenus, il passa bien vite des revues pornographiques à la lecture de textes révolutionnaires : George Jackson, Fanon, Debray, Marighela, Lénine, Mao. De l'université voisine de Berkeley, où naquit la contestation, venaient, pour édifier les détenus, des enseignants prestigieux, des intellectuels – Blancs ou Noirs – politiquement ou socialement engagés.

De Freeze écoutait et lisait, discutait et lisait, méditait et « prenait conscience ». Il organisa un cercle culturel dont il écrivit les programmes et les rapports dans un style laborieux et approximatif d'autodidacte. Ses gardiens étaient contents de lui, les visiteurs cultivés l'encourageaient. Quand il commença à parler à voix basse d'*armed struggle*, de lutte armée, personne ne versa d'eau sur le feu, au contraire.

La chose dura des mois : les belles héroïnes progressistes (l'une d'elles répondait au nom invraisemblable d'Amanda de Normanville) venaient en scooter, en voiture, lui apporter livres, revues et un grand enthousiasme libertaire; les représentants de la New Left, grands fumeurs d'herbe, vêtus de blousons de toile par haine de la veste universitaire en tweed, s'entretenaient avec De Freeze de la lutte armée en Bolivie, en Uruguay, en Argentine, au Chili.

De Freeze ne comprit pas qu'il s'agissait de pures veuleries. Il ignorait le langage de caste, tout en allusions, du *radical chic*. Il se laissa fasciner comme une petite couturière par les compliments du Prince charmant. Il prit tout cela à la lettre, fit le prisonnier modèle pour être transféré dans une prison moins sévère, s'évada avec en poche une liste de huit noms, les huit visiteurs qui l'avaient encouragé le plus dans sa rage rebelle, dans sa fièvre d'action. Tous des types, du moins le croyait-il, aussi durs et décidés que lui à faire enfin quelque chose en Amérique.

Mais quand, cette nuit-là, il sonna chez le premier camarade, celui-ci changea de couleur, le repoussa en bredouillant, et cette pénible scène se reproduisit à chacune des adresses. Personne ne voulait l'avoir dans les pattes, le néo-guerillero urbain, l'amateur, l'aventuriste, l'analphabète politique qui avait mal compris, transformé, fabriqué un pastis avec des choses trop grandes pour lui. Comment un marxiste-léniniste raffiné peut-il s'acoquiner avec un type qui tire d'une bande dessinée le symbole de son mouvement, un cobra à sept têtes? Qui découvre dans un dictionnaire un mot, « symbiose », qui lui plaît tellement qu'il l'applique à son rêve absurde d'alliance entre tous les exclus et les marginaux? Qui met du cyanure dans les balles de son pistolet, comme dans un mauvais téléfilm?

Ils avaient évidemment raison. De Freeze, avec son armée, pauvre ramassis de désaxés et désaxés de diverse origine, rata tout ce qu'il entreprit, assassina un professeur noir bien peu représentatif du « système », vola quelques dollars ici et là, et quand il réussit le grand coup de Patricia Hearst, se laissa pathétiquement impressionner par les manières et l'absence de préjugés de la milliardaire gâtée.

Il lui sembla qu'à San Francisco ils étaient grillés. Il se réfugia à Los Angeles dans un quartier de Noirs aussi misérables et démunis que lui, persuadé d'être le poisson dans l'eau de Mao. Mais le fleuve pullulait de délinquants, prostituées, proxénètes, indicateurs, parmi lesquels il se trouva quelqu'un pour avertir, moyennant récompense, la police. Cinq cents agents encerclèrent la baraque de bois qui fut incendiée au cours de la bataille. Tous les symbionèses périrent brûlés ou asphyxiés, sauf Patricia qui était allée en ville faire des courses pour l'« armée » et qui put s'enfuir et prendre le maquis.

Elle s'était convertie à la révolution, niait avoir été manœuvrée, envoyait aux radios des messages enregistrés d'injures contre sa propre famille, mêlés à des radotages socio-subversifs. Elle vécut longtemps dans la clandestinité, aidée par quelques sympathisants, frénétiquement recherchée par le FBI dont la *performance*, en cette occasion, fut telle qu'en comparaison nos carabiniers et nos policiers sembleraient l'heureux fruit du mariage de Miss Marple et d'Hercule Poirot.

Enfin, sa dernière cache fut découverte, les agents y entrèrent pistolet au poing, et Patricia *wet her pants*, mouilla sa culotte. Deux jours après, elle revenait sur tout, se déclarait violentée, manœuvrée, irresponsable, innocente; et récemment les juges l'ont crue et l'ont remise en liberté.

Renié par la riche héritière, trahi par ses frères du sous-prolétariat, mis à la porte par les intellectuels petits-bourgeois, De Freeze a vraiment tout du héros d'un mauvais téléfilm.

Il n'en reste pas moins qu'il paya le prix entier de son absurde idéologie symbionèse, pas seulement le ticket modérateur, et cet aspect de son histoire le rend, à tout le moins, respectable, comme l'un de ces généraux incompétents ou fous qui mouraient à la tête de leurs troupes dans des batailles perdues d'avance.

Mais nous ne voudrions pas être dans la peau de ceux qui, parlant depuis l'arrière avec trop de liberté, de vanité ou de légèreté, lui laissèrent croire, ne fût-ce qu'un instant, qu'il pouvait l'emporter.

SOIXANTE-HUITARDS NOSTALGIQUES

Nous lisons, non sans tristesse, que les protagonistes vieillis de la « révolution » de soixante-huit se sont rassemblés à Milan pour célébrer le dixième anniversaire du mouvement et s'échanger reliques et vestiges, *dazibao* glorieux, éditions rares de journaux et tracts, objets et vêtements d'époque, souvenirs. Une visiteuse du *Manifesto*[1] écrit que l'atmosphère manquait de chaleur et de spontanéité, que les participants ne savaient pas quoi se dire; et il n'est pas difficile de le croire.

Les soixante-huitards, puisque tel est le nom grotesque qu'ils se donnent, sont, en effet, venus accroître l'immense foule des « trahis » qui encombre l'histoire de notre patrie, les Italiens ayant une propension significative à expliquer pratiquement tout en ces termes. Le *Risorgimento* fut trahi, trahie la victoire de 18, trahie (il y avait de l'eau au lieu d'essence dans les bidons) la guerre fasciste, trahies la Résistance et ses Valeurs, trahi le Miracle économique, trahi 68, trahi 69, trahi le 20 juin, trahies les réformes, les attentes, trahis les espoirs, les retraités, les jeunes, le *Mezzogiorno* et ainsi de suite.

Depuis le XVIe siècle, l'Italien est décrit par les

1. Journal italien d'extrême-gauche. *(N.d.T.)*

étrangers comme le traître par antonomase, qu'il soit courtisan, homme d'armes ou galant *pizzaiolo*. Mais nous n'avons pas le droit de nous en offusquer, dans la mesure où nous-mêmes sommes incapables de concevoir une défaite qui ne soit pas due à une trahison et que nous nous mettons d'instinct à chercher le traître, derrière la tenture ou sous le lit, dès que les choses ne tournent pas comme nous l'avions imaginé.

Quoi qu'il en soit, pour en revenir au rassemblement de Milan, l'ingénuité de ce marché aux puces crépusculaire laisse stupéfait. Se peut-il que parmi tant de lucides analystes du « politique » et du « personnel », des stratégies multinationales et des retournements psycho-économiques, aucun n'ait été capable de prévoir l'indicible, la funeste désolation d'une telle foire commémorative? Se peut-il qu'après tant de mystifications et d'expérimentations ces hommes de trente ans, amers, soient retombés dans une nostalgie de chansonnette? a creuser un peu, on retrouve les violons qui accompagnaient les chanteuses des années 50. Pourtant, il s'agit de vétérans, d'« anciens combattants » qui, pendant un instant, semblèrent à beaucoup de gens (pas à nous) tenir en main le destin du pays. Pourquoi cette célébration n'a-t-elle pas réussi comme réussissent les rassemblements de chasseurs alpins?

A gauche, on leur reproche, aujourd'hui, de n'être vraiment jamais sortis de l'univers culturel (et sentimental) de la bourgeoisie; de n'avoir pas établi un rapport avec les masses; de n'avoir pas compris ceci et correctement interprété cela. Mais il est aisé de critiquer.

Quand la chose commença, beaucoup estimèrent qu'elle était terriblement sérieuse et extraordinairement prometteuse. En Italie, personne n'avait jamais rien osé de semblable, bien que chez nous il n'y eût ni ghettos noirs, ni guerre du Viêt-nam. L'enseignant malmené, le mur couvert de graffiti, les mots d'ordre scandés, le lanceur de billes ou de pavés au visage masqué, la voiture incendiée, la jeune fille en fuite dans le nuage des grenades lacrymogènes, toutes ces images classiques furent « créées » pour la première fois en 68 et donnèrent l'impression (mais pas à nous) de rivaliser dignement avec d'autres légendaires images révolutionnaires.

Qu'ont inventé de différent les héritiers et les critiques des soixante-huitards? Du point de vue figuratif – le seul qui, à la longue, ait quelque valeur – nous en sommes toujours au même point. Les intéressés directs distingueront d'énormes différences entre une manifestation et une autre, entre une AG et une autre; ils relèveront des changements fondamentaux d'humeurs, d'inventions, de frémissements, d'instances. Mais si on enlève la voix-off qui commente et précise, une marche de protestation en 78 est identique à une marche de protestation dix ans auparavant : mêmes barbes, mêmes anoraks, mêmes banderoles rouges, mêmes bouches grandes ouvertes dans le cri. Que pourrait bien tirer un metteur en scène, un peintre, un romancier, un éditeur d'albums de photos, d'une prise de la Bastille qui se répèterait, identique, pendant dix ans?

Ce statisme figuratif n'est pas sans avoir quelque chose de fascinant, de mystérieux. Voici les révolutionnaires qui débouchent en groupes des ruelles, ils manifestent en brandissant leurs piques, envahissent la forteresse, montent sur les remparts en exhibant quelques têtes coupées, quelques prisonniers libérés; et, soudain, les voici qui se taisent, redescendent les marches glissantes et rentrent chez eux. Le lendemain, même spectacle, et ainsi de semaine en semaine, de mois en mois, pendant dix ans, avec des variantes minimes. Impossible de ne pas penser à ces récits de science-fiction où les protagonistes, tombés par hasard dans un cul-de-sac spatio-temporel, sont condamnés à répéter, sans en avoir conscience, la même scène pour l'éternité.

Serait-ce l'obscure perception d'un tel phénomène qui provoque le malaise des soixante-huitards? qui rend exsangues, intimistes, repliés sur eux-mêmes comme des violettes les quelques livres et films issus de ces journées de gloire?

Mais nous savons tous que l'immobilité figée de cette scène n'est qu'apparente. Bien que frappé sans cesse au même endroit, de la même façon, avec une monotonie, une absence de fantaisie qui est, en réalité, la pire des choses de ces dernières années, le « Système » n'en est pas moins à genoux. La première secousse de 68 a obtenu un succès complet; ce n'est pas une défaite, elle n'a pas été trahie. Il s'est vraiment agi d'un tournant historique, qui a vraiment marqué pour l'Italie le passage d'une époque à une autre; et incarner une date, une transformation d'une telle ampleur, n'arrive pas à tout le monde. Ceux qui donnèrent cette secousse décisive devraient aller la tête haute, admirés et enviés, suivis du murmure qui accompagnait le passage d'un vétéran d'Austerlitz (*Voilà un brave*); et certainement pas rester à farfouiller parmi les vieilles écharpes et les tracts millésimés.

On devine que 68 fait aujourd'hui à ses protagonistes la même impression que nous eûmes au début : une impression d'irréalité aiguë, de quelque chose qui n'était pas sérieux, pas authentique, pas crédible, à quoi manquait une vérification essentielle. Car ce qui transforme les rassemblements des ex-militaires, chasseurs alpins, grenadiers napoléoniens, c'est l'ordre de grandeur des périls encourus ensemble, de la peur éprouvée ensemble, de l'ennemi aux mains libres affronté ensemble; c'est le souvenir de ce qu'on appelait autrefois « l'épreuve du feu », à laquelle nous devons, certainement pas par hasard, tant de chefs-d'œuvre.

Il serait déloyal de reprocher à ces messieurs, car ils sont considérés comme tels désormais aux yeux de l'état civil, de ne pas avoir dans les yeux et dans le système nerveux les traces indélébiles de la guerre, de n'avoir été ni bombardés ni mitraillés ni affamés ni cernés par une Panzer Division; et il ne serait pas correct, pour des raisons statistiques, de présumer qu'en présence de ce régiment la plupart d'entre eux aurait énergiquement pris leurs jambes à leur cou.

Même en tenant compte de tout cela, il reste qu'un flic italien est un flic italien et un sergent de la Wehrmacht un sergent de la Wehrmacht; qu'évoquer, au bistrot, le passage nocturne de tel col, l'embuscade dans tel désert, tel fleuve charriant des cadavres, telle tourmente dans la steppe, n'est pas la même chose que se dire, en échangeant des opuscules léninistes, tu te rappelles la trouille du proviseur? Comme elle était bien l'intervention de Giuseppe? Ce qu'elle faisait mal la matraque du flic!

Ce ne fut pas là, par chance pour eux et pour nous, une gloire véritable. La Bastille n'était en fin de compte qu'un lycée; le T 34, une camionnette! la tranchée sur le front occidental, une barricade aux alentours de la Scola. Et le Palais d'hiver cachait une inspection d'académie.

Ensuite, peu à peu, tout a fichu le camp quand même, comme après une révolution véritable : écroulements, violence, homicides, décompositions en tout genre... Jamais plus notre pays, notre société ne seront ce qu'ils étaient avant ce fatal 1968.

Mais le malaise des vétérans naît précisément du sentiment de disproportion entre l'effort et le résultat; il évoque la stupeur des comédiens des vieux films muets qui s'appuyaient à un mur et faisaient s'écrouler l'immeuble. Le doute que cet effondrement, somme toute, ne fût peut-être pas de leur fait, restait imprimé sur leur visage pendant un bon moment.

QUI DONC L'AURAIT DIT

Les arrestations quotidiennes, par grappes, de terroristes toujours nouveaux et de leurs complices mettent en évidence ce que beaucoup appellent l'ambiguïté, la duplicité opportuniste, mais qu'il conviendrait peut-être d'appeler la schizophrénie de la gauche, historique et non historique, indépendante, militante, stabilisée, transitoire.

D'un côté, on tombe des nues. Je ne peux pas y croire, un jeune homme tellement comme il faut, une jeune fille aussi vertueuse, un camarade aussi tranquille, doux, insignifiant, qui l'aurait dit, jamais, non jamais, on n'aurait imaginé...

On souligne volontiers que le terroriste en question apparaissait comme politiquement terne, inerte, qu'il allait même jusqu'à participer aux manifestations contre le terrorisme, se mettant ainsi (ah! l'astuce diabolique!) au-dessus de tout soupçon.

Depuis des années, la presse, la télé, les écoles, les municipalités, les maisons d'édition diffusaient et commentaient les règles de camouflage établies par les terroristes eux-mêmes dans leurs manuels de guérilla; depuis des années on connaissait les couvertures optimales pour la vie clandestine : mise modeste, réserve vis-à-vis des voisins, maison anonyme, travail banal, etc. Sans compter que ces précautions évidentes avaient été montrées à d'innombrables fois dans les romans policiers et d'espionnage.

Pourtant, maintenant que la fameuse « carte » du terrorisme apparaît à la surface telle qu'on pouvait la prévoir, la stupeur de la gauche ne connaît pas de bornes. Mais voyez donc comme ils étaient insoupçonnables !

Une telle candeur est le fruit d'une bonne décennie de « refoulements », la gauche dans son ensemble (à quelques louables exceptions près) n'ayant jamais accepté la réalité : à savoir que les terroristes étaient des gens de gauche, convaincus, sur la base de doctes analyses de gauche, de la faiblesse irréversible de l'Etat et du capitalisme italiens, et donc décidés à donner la poussée finale, à casser les derniers œufs (ce qui est depuis toujours le devoir assigné à la gauche) pour faire s'écrouler l'édifice déjà pourri. On adopta pendant quelque temps la formule, considérée à tort comme cynique, des « camarades qui se trompent », en sous-entendant « se trompent en tuant ». Mais on aurait dû avoir le cynisme révolutionnaire, et sans doute plus persuasif, de dire : les révolutions, depuis 1793, ont toujours tué avec plus ou moins de désinvolture; le problème est de tuer les gens qu'il faut au moment qu'il faut, et c'est là que vous vous trompez.

Au contraire, en niant en pratique le but dernier de sa propre existence, la gauche préféra au fur et à mesure faire des terroristes des démons, en les présentant comme hallucinés et délirants en fait de théorie (c'est-à-dire : des fous ne méritant donc pas une réfutation sérieuse); et quant à la pratique, comme impossibles à arrêter, invisibles, omnipotents, doués d'ubiquité (c'est-à-dire : des *aliens*, ou du moins des « étrangers » louches et furtifs, avec une cicatrice livide de la pommette au menton).

Cet opiniâtre (et réussi) désaveu de paternité est à la base de tous ces cris de stupéfaction face aux dimensions « populaires » du phénomène. Mais derrière les « Oh, ciel ! » d'opérette, on voit, dans le même temps, se profiler les petits sourires de signe opposé, les mimiques et les clins d'œil de ceux qui en savent long. Eeeeh, murmurent les acteurs et les actrices, en s'abritant derrière leur pipe, leur éventail ou leur houppette, maintenant que finalement on peut le dire, disons-le. Nous étions au courant, nous avions capté bien des choses, bien d'autres étaient parvenues à nos oreilles, nous savions fort bien que tel camarade, tel collectif, tel petit appartement...

Tout à coup, on découvre que tous savaient tout, que les plus profonds mystères terroristes étaient, pour une bonne part de la gauche, simples comme *Mickey*, qui circulaient, comme des coupes de champagne, noms, projets, adresses, liaisons.

On découvre encore une fois que, dans notre frivole pays, la terreur la plus forte de toutes est d'être pris à contre-pied, de sembler en marge de l'actualité, ignorant des dessous secrets, de ne pas apparaître « bien informé », de ne pas pouvoir dire, d'un air déjà un peu las : mais voyons, tout le monde le savait...

VI

UBU à L'EST

La statue de Morozov. Maigret à Prague. Nosotros. *Ubu à l'Est.*

LA STATUE DE MOROZOV

LE ministère de la Culture soviétique, si tel est son nom, semble s'être beaucoup dépensé pour le soixantième anniversaire de la Révolution d'octobre[1]. Spectacles du Bolchoï par satellite, foire internationale du livre, congrès et colloques à l'érudition variée, expostions itinérantes sur les trésors des Scythes et ceux de la peinture russe du XIXe, statistiques impressionnantes sur la diffusion de Gogol et de Dickens parmi les masses, sur la fréquentation des salles de théâtre et de concert, sur les visiteurs de musées, bibliothèques et jardins botaniques. En Europe occidentale, le public non communiste accueille ces exhibitions avec intérêt, mais également avec une certaine perplexité. La seule culture russe, lui dit-on, est celle de la dissidence. On lui rappelle les grands poètes, metteurs en scène, romanciers de l'époque révolutionnaire presque tous tragiquement disparus, par suicide ou en Sibérie; on lui cite l'extermination minutieuse de milliers d'intellectuels de tendances « bourgeoises »; on lui remémore la mort de Gorki,

1. L'anniversaire en question date de 1977, ainsi que cet article. Depuis, il y a eu la *perestroïka*, la *glaznost* et pas mal d'autres choses dont on peut se réjouir. Mais aux dernières nouvelles (octobre 1988) la statue du petit Morozov est toujours sur son socle. Il serait peut-être sage de la faire disparaître, avant que les habitants de Gerasimovka ne pensent à la remplacer par celle de son oncle *(note des auteurs pour l'édition française).*

sur laquelle flotte le soupçon de l'assassinat; et les théories de Jdanov sur l'art prolétarien, les abjections de l'Union des écrivains, les asiles, les confiscations de manuscrits, les mises à l'index, les exils forcés. « De qui se moquent ces gens-là? », lui répète-t-on. « Avec quel toupet ces geôliers, ces fusilleurs, expulseurs, censeurs, étrangleurs endurcis, viennent-ils maintenant nous parler de culture? »

Vues ainsi, bien sûr, il s'agit de soixante années d'inexorable brutalité, d'excommunications et condamnations sans appel, d'abolition forcenée ou visqueuse des conditions mêmes dans lesquelles peut naître la culture. Et les célébrations de cette année ne seraient qu'un des nombreux shows de propagande auxquels les dirigeants soviétiques, de génération en génération, nous ont désormais habitués.

Mais à notre avis il n'en est rien. Ce que nous devinons chez ses pesants bureaucrates, ce n'est pas de l'hypocrisie, ce n'est pas du cynisme. Ils nous font plutôt penser à certains maris *coureurs* qui insistent cependant pour proclamer leur fidélité à leur femme, dans le fond des fonds. (Et la blonde de Padoue? C'était une passade insignifiante. Et la Danoise de Riccione? La veuve de Lucques? La divorcée d'Avellino? Des cas sporadiques de force majeure, dont on ne peut discuter hors de leur contexte précis, et qu'il est, de toute façon, de très mauvais goût de relier artificiellement pour les réduire à un vocable vulgaire et limitatif.)

Ce ne sont pas des sophismes, ce n'est pas de la mauvaise foi. Au-delà de la folie du pouvoir, de l'arrogance aveugle, des abus systématiques, on entrevoit le tâtonnement désespéré de la Bête vers la Belle. Les rapports entre communisme et culture sont des rapports d'amour, et ce qui rend cette histoire tragique c'est qu'il s'agit d'un amour impossible.

Parce qu'en fin de compte le débouché ultime, l'apogée, le but suprême du communisme était, et est toujours, un monde où la culture règne en souveraine. Les luttes révolutionnaires, la mise à bas du monstre capitaliste, l'abolition de la propriété privée ne devaient être que des phases transitoires, degrés abrupts vers une sorte d'Arcadie collective, totale. Des utopistes, non-scientifiques mais dans la mouvance socialiste, se laissèrent aller plus d'une fois à la décrire : jardins, bosquets, petites maisons proprettes et nobles temples de la Poésie et de la Musique, parmi lesquels déambulent hommes et femmes en proie à une sérénité immodérée, s'adonnant habituellement à la cuisson de savoureuses miches de pain ou à d'autres activités artisanales, tous vêtus de petites tuniques pratiques tissées à la main (le coup des tuniques ou des camisoles est une véritable fixation chez les écrivains enclins à l'humanitarisme).

Marx et les marxistes les moins ingénus ne se compromettent pas trop au sujet du paradis communiste; ils tendent, en général, à se défiler. Mais après avoir tant prêché que le combat sera long et difficile ils ne peuvent se soustraire complètement à la nécessité de faire au moins entrevoir les splendeurs qui attendent les combattants victorieux.

Dans les au-delà spiritualistes, les âmes disposent de divertissements célestes, par cela même ineffables. Mais ici il s'agit de corps, d'hommes matériels par définition, ou mieux d'Hommes enfin libérés de l'exploitation, du labeur, des superstitions, des malversations. Que feront donc tous ces gens dans l'harmonieuse société sans classes, tandis que des machines souterraines et complètement automatiques pourvoiront à leurs besoins les moins élevés?

C'est alors qu'entre en scène la déesse Culture. Avec tout le temps qui est à leur dispostion, ces heureuses gens se « cultivent », se « réalisent ». L'un joue de la harpe, l'autre peint des couchers de soleil, compose des poèmes, étudie le sanscrit, danse, résout des théorèmes, devient critique de cinéma. Les analphabètes disparaissent, il n'y a plus un seul ignorant. Tous conversent avec désinvolture d'art précolombien, d'entomologie, de philosophie chinoise, tous gambadent d'un centre d'intérêt à l'autre, d'une discipine à l'autre, faisant preuve d'une compétence phénoménale et gratifiante.

Un monde d'esthètes, d'« amateurs » fervents, de créateurs à jet continu; c'était là l'idée de départ, le terrain délicat sur lequel les communistes eux-mêmes demandent, en dernière et émouvante instance, à être jugés.

A ce moment-là, on pourrait être induit à de mesquines confrontations, à rappeler qu'en 1849, soixante ans après avoir déchaîné sa sanglante révolution, la bourgeoisie pouvait s'enorgueillir d'une culture bien autrement florissante. Il restait des monarchies absolues, des prisons, des censures, mais il y avait déjà eu Leopardi et Rossini, Keats et Corot, et des dizaines d'autres grands ou grandissimes. Les carrosses des riches marchands et spéculateurs éclaboussaient poètes et philosophes, mais ces derniers, remontés dans leurs mansardes, réussissaient cependant à écrire, puis à publier, *Kubla khan*, la *Science de la logique*, *Eugénie Grandet*, *Les Fiancés*.

Cette prodigieuse explosion internationale de génie n'a jamais été acceptée par les communistes, ni avant ni après 1917, comme le *by product* positif de l'anarchie capitaliste. Au contraire, ils ne tardèrent pas à établir une sorte de lien comminatoire entre la libre expression de l'art et la misère des masses. On vit apparaître de sinistres cotes socio-économiques. Un Degas, par exemple, valait deux mille cinq cents jeunes filles contraintes à la prostitution; Mallarmé, quatre-vingt mille chômeurs; Joyce avait sur la conscience la domination coloniale en Inde; Pirandello, la faim des ouvriers agricoles de Sicile, des Abruzzes, peut-être même des Pouilles. Pour échapper à ces terrifiantes responsabilités, l'artiste devait devenir « organique », c'est-à-dire mettre son talent au service complet du peuple, autrement dit du parti. L'« art pour l'art », d'argumentation en argumentation, finit par symboliser les chambres à gaz.

On peut encore percevoir des échos de cette logique intransigeante dans certaines interventions « théoriques » du parti soviétique, et ce n'est que très récemment que les partis occidentaux s'en sont plus ou moins éloignés.

Mais les intentions étaient bonnes. La Belle, débarrassée de ses mièvres afféteries bourgeoises, allait devenir la Déesse qu'elle méritait d'être. Et qu'on ait fait pour Elle, en URSS, des choses remarquables et gigantesques, voilà qui est affirmé avec orgueil par les communistes soviétiques et occidentaux, par les communistes frondeurs et staliniens, par les communistes cynico-lucides, tranquillo-libéraux, mystico-débiles, bigotto-logiques, historico-lourdauds et maso-plaisantins. Efforçons-nous donc de nous mettre dans leur optique sincèrement ravie, appliquons-nous à voir ce qu'ils voient.

Imaginons un village (un million de villages) avec sa verte place entourée d'arbres, de parterres, de fontaines. Sur les bancs, de nombreux lecteurs de Gogol et de Dickens. Des charpentiers, qui installent une estrade pour les ballets folkloriques de ce soir, sifflotent du Beethoven comme si de rien n'était. Des fiancés s'embrassent avant de partir qui pour l'école de danse, qui pour celle de céramique, des enfants s'échangent des images d'Apollinaire et de Darwin.

Mon Dieu, il n'y a peut-être pas de galettes tous les jours (et peut-être seront-elles faites avec du blé canadien); les machines miraculeuses, qui pourvoient à tout, fonctionnent malheureusement de façon erratique; ce monsieur près de la buvette (fermée), qui feuillette avec un intérêt trop soutenu une biographie de Le Corbusier, pourrait bien être un agent du KGB; et les créateurs, les artistes proprement dits, sont rares.

Mais ce sont des détails. Dans l'ensemble, c'est bien l'Arcadie. La Déesse va arriver, si Elle n'est déjà là. Peut-être est-ce à Elle qu'est dédiée la statue qu'on entrevoit là-bas, parmi les bouleaux?

Non, c'est la statue d'un jeune garçon, sculptée par d'expertes mains soviétiques. Qui est-ce donc? Mais voyons, mais c'est Morozov, nous sommes dans le village natal de Morozov!

Peu de nouvelles personnelles nous sont parvenues sur Pavlik Morozov, tué à quatorze ans dans le village de Gerasimovka, en 1932. Robert Conquest, qui, avec notes et références à l'appui, raconte son histoire dans *La Grande Terreur*, son essai classique sur les « purges » staliniennes, ne pousse pas la minutie jusqu'à nous dire si Morozov avait des taches de rousseur, un léger défaut d'élocution, s'il était bon en mathématiques ou capable d'imiter les cris des oiseaux. Comme pour saint Tarcise, Balilla[1] et d'autres martyrs adolescents dont l'hagiographie s'est emparée, on ne peut plus recréer le véritable Morozov.

Il semble que son père ait été chef du soviet local, et lui-même militait dans les pionniers, la version communiste des boy-scouts.

En 1932, les choses ne marchaient pas très fort pour l'agriculture russe. Des millions de paysans riches et obtus, les koulaks, hésitaient encore à voir les avantages de la collectivisation; le parti avait été contraint de lancer une ample et énergique campagne de persuasion. Morozov y participa avec enthousiasme, à la tête d'un groupe de gar-

1. C'est le jeune « héros » qui a donné son nom à l'organisation citée à la note de la page 20.

çons de son âge qui aidaient comme ils le pouvaient les pelotons d'exécution.

Un triste jour, il découvrit que son père, par suite d'un de ces mystérieux phénomènes de dégénérescence qui surviennent même dans les familles de militants, avait des contacts occultes avec les koulaks, qu'il intriguait secrètement à propos de grains, de charcuterie, de sabotages des récoltes, de massacres de vaches et de poules.

Sans hésiter, Pavlik le dénonça, l'homme fut arrêté et immédiatement fusillé. Mais un oncle de Pavlik, prenant ce geste de pure foi révolutionnaire pour on ne sait quelle abjection, se jeta avec d'autres koulaks sur le malheureux pionnier et le massacra à coups de bâton. Les assassins furent à leur tour fusillés, et Morozov devint, il l'est encore aujourd'hui, le grand héros du Komsomol, l'organisation des jeunesse soviétiques. Le palais de la Culture des pionniers rouges, à Moscou, a reçu son nom. Dans son village il y a un musée qui contient « les chères reliques sacrées » de sa brève vie et sur la place de Gerasimovka on a érigé (en 1965) sa statue, *la seule statue de délateur qui existe au monde.*

Nous ne l'avons pas vue, nous se savons pas si elle est en pierre ou en bronze, si Pavlik est représenté au moment où il désigne du doigt son père à la justice révolutionnaire, ou pendant qu'il tend l'oreille pour surprendre les complots koulaks. Et nous ignorons si l'imberbe mouchard est ou non drapé dans une petite tunique à la Daphnis et Chloé.

Mais sa présence exemplaire dans ce village soviétique suffit à nous faire comprendre que, malgré le Bolchoï et les Scythes, La Déesse n'habite pas cette terre; la Belle est toujours hors de portée, l'amour vraiment impossible.

MAIGRET Á PRAGUE

Nous sommes allés à Prague, en 1966, pour des raisons professionnelles. C'était fin novembre et quand l'avion commença à descendre on put voir que les premières neiges avaient déjà blanchi la campagne. La piste aussi était blanche, et les édifices bas vers lesquels nous nous dirigions dans le vent glacial nous firent l'effet, avec leur air égaré et leurs petites fenêtres illuminées, de baraquements d'un camp de concentration utilisés, avec peu d'amélioration, comme aérogare.

Il n'y eut aucune difficulté bureaucratique : une dame entre deux âge nous attendait et nous guida, en cinq minutes, à travers des salles sordides et pleines d'échos, parlant en tchèque aux fonctionnaires de l'aéroport et à nous en anglais, jusqu'à une grosse automobile sombre qui nous attendait dans la lumière livide du crépuscule. Elle allait être – nous dit-elle – notre interprète durant notre séjour et nous devions nous adresser à elle en toutes circonstances.

Elle était grande, maigre, son visage osseux et aristocratique avait dû être beau; elle portait autour du cou un foulard de soie drapé sous un manteau élimé aux poignets et au revers, d'une coupe ancienne, mais en authentique poil de chameau. Son anglais avait l'aisance des langues apprises non à l'école mais à la maison avec une gouvernante.

Nous avions lu, depuis peu, *L'Espion qui venait du froid*, et, en roulant vers Prague, tandis que la chape du ciel passait du gris au bleu ardoise puis au noir, nous ne pûmes éviter d'accorder ce que nous voyions – le dos du conducteur taciturne, un tram décrépit actionnant sa sonnette, les phares d'une autre voiture, derrière nous – avec le ton « en sourdine », désolé et sinistre, de ce roman. C'était la première fois (ce fut du reste la dernière) que nous mettions les pieds derrière le « rideau de fer ». Ce sentiment d'oppression ne nous quitta pas dans l'hôtel délabré de la place Venceslas où l'on nous avait réservé deux chambres on ne peut plus tristes et où la présence d'un poste de radio modèle 1935 ajoutait une note de mélancolie technologique.

L'interprète s'excusa pour notre installation, due à l'arrivée en ville de fortes délégations russes, polonaises, allemandes, etc. Nous répondîmes (en mentant) que la chose était sans importance et nous allâmes avec elle au siège de la Tchétéka pour rencontrer un haut fonctionnaire de cette organisation qui nous avait invités à dîner.

Le fonctionnaire était, en fait, une autre femme, complètement différente de la première : petite, les cheveux noirs, menue, elle palliait sa méconnaissance des langues occidentales (elle savait le russe) par des sourires cordiaux et stéréotypés. Dans la rue, nous l'aurions prise pour une ménagère, mal mise, fatiguée, harcelée par des problèmes de budget. Au restaurant, parmi les *Yes, sir* et les *I'm sorry, sir* prononcés d'une voix de baryton par un serveur imposant et négligé, nous crûmes reconnaître en cette petite bonne femme le cliché de la « fille du parti », modeste et implacable, capable de toutes les rétractations, de toutes les délations.

Le lendemain matin, nous retournâmes au siège de la Tchétéka qui mit à notre disposition, pour notre travail, une sorte de petit salon. Pendant les derniers jours de la Seconde Guerre mondiale, quelque paysan ou bûcheron avait vu une colonne de camions s'arrêter sur les bords du lac Noir, dans les forêts de Bohême : une escouade de SS avait déchargé hâtivement un grond nombre de mystérieuses caisses pour, ensuite, les jeter dans les eaux du lac. Ainsi était née la légende d'un « trésor des SS » qui, après de nombreuses années de recherches et prospections, avait été enfin ramené à la surface par les hommes-grenouilles de l'armée. Les caisses contenaient des documents du service d'espionnage SS dans tous les pays occupés, neutres ou alliés de l'Allemagne, et l'éditeur Mondadori nous avait chargés d'examiner ceux qui concernaient l'Italie en vue d'une éventuelle publication.

Nous ne nous rappelons pas ce qu'avait à voir la Tchétéka, qui est une agence de presse, avec cette tractation. Toujours est-il que ce fut là, sur des fauteuils incommodes, aux pieds tellement écartés qu'on y butait à tout instant, que nous passâmes une dizaine de jours à lire des milliers de rapports secrets du réseau d'espionnage SS, actif en Italie dès 1940. Le fond avait déjà été catalogué et classé et, tous les matins à neuf heures trente, un jeune archiviste blond, gros, et jovial arrivait avec une méchante valise, en extrayait deux énormes fascicules de toile bleue, nous en remettait un à chacun et nous laissait; il revenait les prendre à douze heures trente, nous les rapportait à quatorze heures trente et venait les récupérer le soir à dix-huit heures trente.

Il y avait en tout une quinzaine de volumes, et il en avait lui-même subdivisé le contenu, avec une précision prodigieuse, par année, sujet, région, ville, etc. Il ne connaissait pas un mot d'italien et n'était jamais allé en Italie, mais il était désormais en mesure de nous parler – en allemand – de Rome, Turin, Milan, pendant les années de guerre, ou de l'ingénieur X, du hiérarque fasciste Z, du marquis Y, avec une désinvolture et une compétence stupéfiantes et de bruyants éclats de rire.

Parfois, il restait pour prendre un café ou un verre d'eau-de-vie qu'une secrétaire fort aimable nous servait en tirant le nécessaire d'un buffet qui n'aurait pas déparé la salle à manger d'un pavillon de banlieue. La fonctionnaire passait également nous voir, de temps à autre. L'interprète venait plus souvent; nous l'invitâmes à déjeuner, à dîner et une fois ou deux elle vint se promener avec nous dans les intervalles de notre horaire de fer. Après quelques rencontres, tous les trois cessèrent d'être des caricatures faciles de personnages de romans et devinrent trois être humains, étrangers mais vivants. Ce fut alors que commencèrent nos problèmes.

Nous ne parlions jamais de politique, avec aucun d'eux. Mais, justement, cette omission, imposée par la discrétion, ouvrait dans nos rapports des intermèdes absurdes et cérémonieux, donnait lieu à des dialogues en pur style turinois, fondés sur des je-suis-désolé, je-vous-en-prie, mais-jamais-de-la-vie. Ils déploraient les ciels bas et lourds, la vague de froid anormale; nous accusions notre sotte imprévoyance. Ils s'excusaient pour les pommes vertes et minuscules du désert, pour les taxis, rares à Prague, que les membres des délégations russes, polonaises, allemandes, etc., corpulents et couverts de gros pardessus, nous chipaient presque toujours sous le nez; nous insistions sur les avantages de visiter la ville à pied et en tram. Ils nous faisaient remarquer que de nombreux jeunes gens s'habillaient à l'américaine, en blue-jeans; nous rétorquions que ces mêmes jeunes gens nous donnaient des renseignements en bon anglais, preuve que l'instruction moyenne devait être plus efficace que chez nous. Comme dans la fameuse comédie de Ionesco, nous tournions avec componction autour du cadavre encombrant de la dictature en feignant de ne pas le voir.

Lorsque, restés seuls, nous marchions en claquant des dents le long des quais et sur les ponts de la Moldava, ou que, les oreilles bleuies par le froid, nous contemplions églises et palais baroques, nous nous efforçions de rationaliser notre croissant sentiment de malaise. Au printemps, Prague nous aurait fait, certainement, une tout autre impression; si notre travail avait consisté dans la lecture des œuvres complètes de Wodehouse, nous aurions, certainement, été plus gais; sous un régime capitaliste, la spéculation immobilière et une circulation chaotique nous auraient, certainement, empêchés de savourer ces merveilles architecturales; il y avait, dans le communisme, un aspect *conservateur* qui était loin d'être méprisable...

Une pitié présomptueuse, que personne ne nous demandait, nous faisait faire des pas de géants sur la voie de l'auto-conversion. Après tout, peut-être Masaryk s'était-il vraiment jeté par la fenêtre; peut-être Slansky était-il vraiment un agent de l'Intelligence Service, peut-être Staline...

Et puis, un soir, nous sortîmes de la Tchétéka tous les cinq ensemble. Nous nous arrêtâmes, tous les deux, pour admirer, sous la neige qui tombait à petits flocons, une des rutilantes librairies qui étaient disséminées partout dans la ville et qui, de n'être pas concurrencées par des vitrines de fourrures, de Jaguar, de gants, de parfums, nous serraient secrètement le cœur par leur écrasante prédominance culturelle. Mais nous dîmes le contraire, nous louâmes la diffusion du livre, déplorâmes à demi-mots (pour ne pas en faire trop) la manie de consommation de chez nous, obtuse et frivole. Les trois autres approuvaient gravement du chef : tout à coup l'un d'eux, tout excité, montra quelque chose dans la vitrine centrale.

Enfin! Enfin! L'un des romans les moins réussis de Simenon, *Maigret à New York*, était exposé à la place d'honneur. Pour la première fois, nous expliquèrent nos amis radieux, Simenon était traduit en tchèque. Et leur ton nous fit comprendre quels débats idéologiques enflammés, conciliabules, ordres et contre-ordres, pressions, manœuvres, périls, sous-entendus, il y avait derrière cette décision d'édition pour nous insignifiante.

Nous revînmes à l'hôtel à jamais sombrement persuadés que Prague était, avait été et serait toujours une ville tragique. Le jour du départ, l'interprète nous accompagna à l'aéroport. Nous lui demandâmes si nous pouvions lui envoyer un petit cadeau de Turin, une boîte de chocolat, une bouteille de Punt et Mes...

Elle ajusta son manteau, sans dire ni oui ni non. Puis, en faisant appel à son brio de femme du monde, elle nous pria plutôt de lui envoyer, si ce n'était pas trop compliqué, quelques romans policiers qui l'amusaient beaucoup et qui, à Prague, *you see*, étaient si difficiles à trouver. De n'importe quel auteur. De *n'importe* quel auteur...

A Turin, dans le kiosque de la gare centrale, nous choisîmes une vingtaine de livres de poche anglais et américains, McBain, Chandler, Agatha Christie, Rex Stout, et, naturellement, Simenon. Nous fîmes un paquet, le lui expédiâmes et, un mois plus tard, nous reçûmes d'elle une carte de remerciements avec les salutations de la fonctionnaire et de l'archiviste. Depuis lors, nous n'avons jamais plus rien su d'aucun des trois.

NOSOTROS

Nous n'avons jamais réussi à savoir que bien peu de choses sur le communisme cubain, sur cette énième « expérience » que les intellectuels européens ont considérée, à ses débuts, avec sympathie (la énième) et intérêt (le énième...). Il nous a fallu, à diverses reprises, écouter le récit de voyageurs électrisés par les crèches et les brigades de travail à l'œuvre dans l'île, et nous n'avons jamais pu totalement éviter les statistiques ferventes sur la canne à sucre, la description de la rencontre avec lui, avec Fidel (« eh bien, à l'évidence, c'est un grand bonhomme »); nous avons également subi, dans un silence craintif, quelques digressions théoriques sur le « modèle » cubain où l'on sous-entendait (« les conditions objectives sont, à l'évidence, très différentes ») que l'Italie, en tant que pays latin, avait tout à gagner à lorgner sur l'évolution du communisme sur cette terre, pleine, comme la nôtre, de soleil, de plages, de chants et de belles femmes.

Ces dernières années, les voyageurs se sont faits bien plus rares, les récits plus concis, les statistiques plus mélancoliques. L'expérience – certains l'admettent avec une gravité empreinte de souffrance – a raté, à l'évidence.

Mais non, les gars, mais non! Des images de foule, tout à fait convaincantes, ont défilé devant nous durant les jours où les Cubains réfugiés à l'ambassade du Pérou attendaient leur visa de sortie. Nous ne savons pas à qui nous devons ces prises de vue, peut-être à des opérateurs occidentaux plus ou moins clandestins, peut-être aux caméras du régime castriste lui-même qui, ainsi qu'il advient souvent dans les dictatures, est désormais victime de sa propre propagande et prend pour une fête populaire enthousiaste ce qui peut passer, à d'autres yeux, pour un rite tragique, orwellien, de haine collective.

Nous avons vu un million de « bons » Cubains marcher devant leurs dix mille « mauvais » compatriotes en hurlant slogans et injures contre les dégénérés, les ramollis, les bourgeois, les criminels, les défaitistes, les asociaux qui voulaient quitter l'île. Chœurs furibonds, bouches tordues par l'auto-exaltation, poings levés. On remarquait un gros homme en maillot de corps, avec des biceps énormes et un cou sur le point d'éclater, qui, en sueur, haranguait les participants déjà hystériques. *Nosotros*! tonnait-il, *nosotros*!...

Pronom à la tonalité sinistre. Nous qui sommes dans le vrai, nous qui sommes les plus forts, nous qui sommes la majorité, nous qui sommes communistes, Aryens, Blancs, musulmans, catholiques, calvinistes, etc.; nous, *noi, we, wir, nosotros.* Et là-bas, au-delà des portails de l'ambassade, le pronom maudit : *eux*, les autres, les réprouvés, les hérétiques, les traîtres à coller au mur, les insectes, les vers à écraser, la race de sous-hommes à vomir, à chasser, à emprisonner.

Pour éviter un colossal lynchage, le régime avait confié le service d'ordre aux « volontaires » d'Afrique, aux vétérans des glorieuses campagnes contre les Nègres d'Ethiopie, de Somalie, du Soudan, de l'Angola. Ce corps choisi jouit semble-t-il, d'un si grand prestige qu'il n'a même pas besoin de matraques; il suffit d'un coup d'œil débonnaire, de camarade à camarade, et la foule des justiciers s'arrête, respectueuse.

Comment peut-on parler d'échec? Vénération pour l'élite de l'armée qui combat en terre lointaine; indignation océanique tempérée par une discipline tout aussi océanique; unité granitique du parti; dégoût unanime envers les ennemis de la patrie, les réfugiés politiques, les neutralistes. Que veut-on de plus d'une « expérience »? Notre regretté Duce, à l'évidence?

UBU A L'EST

QUI dit que les républiques communistes de l'Est sont des landes ennemies de la fantaisie, écrasées sous une tristesse sans limites, sous d'irrémédiables grisailles? Une nouvelle excitante nous parvient aujourd'hui de Roumanie, où un décret du gouvernement a interdit l'usage et la possession de machines à écrire à ceux qui ont des antécédents pénaux ainsi qu'à tous ceux qui ont montré qu'ils constituaient « un péril pour l'ordre public ou la sécurité de l'Etat ».

Un monde nouveau s'ouvre pendant un instant sous nos yeux stupéfaits : les voleurs, assassins, escrocs et spécialistes du détournement de fonds roumains courent donc, à peine sortis de prison, s'acheter une machine portative et, hop, se mettent à taper sur les touches comme des forcenés? Et les ivrognes irascibles, les voyous bagarreurs et violents, les supporters à la barre de fer facile, les espions, les saboteurs, les traîtres, se servent-ils donc, en Roumanie, d'une machine à écrire pour défoncer têtes et vitrines ou pour rédiger en triple exemplaire leurs rapports à la CIA?

Mais ce sont nos prosaïques limitations occidentales qui nous entraînent sur un mauvais chemin. Dans le riche langage métaphorique du marxisme-léninisme, le décret de Bucarest signifie que les écrivains, journalistes, poètes et intellectuels qui n'aiment pas beaucoup le régime seront privés du moyen de préparer et diffuser leurs tracts et textes d'opposition.

La trouvaille, élémentaire mais drastique, est géniale. Il serait cependant intéressant de savoir comment se dérouleront les choses, dans la pratique. Y aura-t-il un ratissage méticuleux et une confiscation générale de ces ustensiles de mort, particulièrement ceux d'antique origine américaine ? Ou bien la police se contentera-t-elle de séquestrer les rubans, de mettre les touches des voyelles sous scellés ?

On peut prévoir des développements non moins originaux. On peut tout dire sur les dissidents de l'Est, sauf qu'ils soient pasresseux; il est certain qu'ils vont se jeter sur les stylos-bille et le papier carbone. Il faudra donc interdire la possession et l'usage de tels instruments de reproduction. Les crayons, alors ? Les craies ? Plus de crayons, plus de craies ! Mais s'ils se mettent à écrire en trempant leur doigt dans du sirop de cerises ? Il faudra supprimer les cerises, prévoir l'ablation de l'index dans les cliniques d'Etat.

Dans la logique du totalitarisme « progressiste », on a tôt fait de redescendre, marche après marche, vers une brutalité préhistorique, vers le féroce délire infantile du père Ubu. C'est pourquoi l'expression « socialisme réel » nous a toujours semblé inadéquate, imparfaite. Elle ne rend pas justice à ces représentations de haute fantaisie que furent les procès et les « purges » staliniennes, à cette sublime création politico-scénique qu'est le mur de Berlin, à des paradoxes aussi sublimes que le « mercenariat » cubain ou une campagne pour la paix lancée par la plus grande puissance militaire du monde.

Et on ose, ici, insinuer que ce perpétuel bouillonnement de trouvailles aurait « épuisé son élan propulseur »? Qu'avons-nous à opposer à ces imperturbables géants de l'imagination, de la fiction? Un Jarry, un Breton, un Dali, un Buñuel, un Ionesco? Des nains timides, de pauvres chatons aveugles.

La vérité est que toute l'histoire du communisme devrait, en fin de compte, être récrite du point de vue de la littérature, par des spécialistes de littérature. On pourrait envisager une dizaine de volumes, payables même à crédit. Titre : *Le Socialisme surréel.*

VII

TROIS HISTOIRES DE FEMMES

L'excentrique du lac Majeur. Une femme des rues. El-Khatun du désert.

L'EXCENTRIQUE DU LAC MAJEUR

« JAMAIS contentes, jamais tranquilles, toujours à réclamer autre chose, à regretter une autre situation, un autre chemisier, un autre été, un autre coiffeur. Tu les amènes à New York, et immédiatement elles font la comparaison avec Positano, tellement plus doux, plus calme; tu les accompagnes sur le Nil, et elles éprouvent une soudaine nostalgie pour un petit ruisseau écossais, tellement plus limpide, plus frais. Chez Maxim's, elles sont gênées par le trop grand nombre de garçons, par la hauteur sournoise (d'après elles) du maître d'hôtel; dans une pizzeria, elles sont choquées par les taches sur la nappe à carreaux, par l'odeur qui restera imprégnée dans leurs cheveux.

« Grandes, elles se font l'effet d'échassiers; petites, elles se font l'effet de bouchons; maigres, c'est le tourment des seins inadéquats; grosses, c'est le drame des hanches opulentes; mignonnes, elles voudraient être belles; belles, elles voudraient être très belles; très belles, elles demandent à leur miroir : la beauté, est-ce vraiment tout?

« Et qui, quoi qu'il en soit, il y a trop de genres de beauté pour qu'elles ne se trouvent pas plongées dans une mer agitée de doutes. Une beauté sexy, voyante (« qu'est-ce qu'il a à me regarder, ce crétin? ») : elles se sentent vulgaires; une beauté songeuse et mystérieuse n'est pas vraiment pratique; une beauté aristocratique pourrait intimider, décourager; une beauté de revue de mode ne risquera-t-elle pas de paraître construite, banale?

« Toutes indistinctement, ont d'ailleurs une imagination de roman-photo où plans et séquences de dix histoires différentes se suivent et se contredisent sans cesse dans leur tête. La milliardaire qui plonge nue de son yacht, mais également la veuve sicilienne qui a su élever admirablement dix enfants. La fascinante étrangère avec son lévrier afghan en laisse, mais également la chercheuse (prix Nobel) qui a voué son existence à l'ADN. La criminelle ou la terroriste qui couvre la fuite de son homme, mitraillette au poing, mais également la bonne sœur qui soigne les lépreux, un sourire angélique aux lèvres. Elles effeuillent frénétiquement la marguerite des modèles et des désirs, en cherchant toujours, en cherchant... Quoi? personne ne le sait, elles moins que tout autre. Le résultat pratique c'est que rien ne leur va jamais, même pas (ainsi que l'atteste le livre de la Genèse) le Paradis terrestre. »

L'homme qui s'exprime si sentencieusement sur les femmes a entre cinquante et soixante ans; il est grand, très maigre, dégingandé, porte un léger pull en cachemire élimé et informe, tient une cigarette qu'il renouvelle toutes les cinq minutes entre ses doigts jaunes de nicotine. Les amis qui nous ont emmenés chez lui ont pris soin de nous prévenir; c'est un type à voir, mais rempli d'idées fixes, de vieux clichés, c'est un solitaire, quelqu'un d'une autre époque, un réactionnaire épouvantable.

Plutôt qu'un réactionnaire, nous reconnaissons immédiatement un exemplaire d'Excentrique, espèce assez répandue en Europe à partir du dix-huitième siècle, mais qui, de nos jours, est pratiquement éteinte. Quoique indifférent à la richesse, en effet, l'Excentrique a besoin de pas mal d'argent pour pourvoir vivre sans travailler. Il est concevable que les progrès de l'assistance sociale finiront par faire naître chez les assistés de toutes sortes de nouvelles formes d'excentricité (quelques signes en sont déjà visibles), mais la couche traditionnelle des *rentiers* a disparu, et avec elle ont disparu ses fils les moins ennuyeux, c'est-à-dire précisément les Excentriques.

Le nôtre vit de façon presque emblématique sur les marges de sa propriété, désormais vendue : un grand parc autour d'une grande villa qui donne sur le lac Majeur. Il s'est installé dans l'ex-maison des gardiens, un pavillon fort honorable, et il cultive un potager, des fleurs, donne l'hospitalité à divers chats et chiens errants. Il a une vieille fourgonnette avec laquelle il descend en ville pour des achats et de brèves conversations au café, à la banque, à la pharmacie. Il a vécu à Paris et à Londres, c'était un joueur et un bon buveur. Il a publié à ses frais un ou deux recueils de poèmes que nous n'avons pas lus, il peint des tableaux que nous n'avons pas vus. Il flirte légèrement avec l'occultisme et la cuisine orientale. Il ne s'est jamais marié.

« Je ne voulais ni famille ni responsabilité, nous explique-t-il avec la franchise un peu agressive et un peu verbeuse typique de son espèce, je ne voulais pas d'enfants qui un jour seraient venus me demander pourquoi diable je les avais mis au monde. Mais je ne suis pas un coureur du jupons, un collectionneur. L'idée de " séduire " une femme, de la conquérir, de l'enlever à un autre, ne m'a jamais effleuré. Je n'ai pas le goût de la compétition ni celui de la possession. Bien sûr, les femmes m'ont toujours plu, j'en ai toujours eu autour de moi, chez moi. Mais une à la fois. Je n'aime pas les complications. »

Actuellement, il a « autour de lui » une bonne de

couleur, petite et potelée, aux dents très blanches, au sourire et au rire faciles, qui lui a été envoyée voilà quelques mois par des amis milanais.

« A Milan, elle avait eu des histoires, je ne sais trop de quel genre, nous raconte l'Excentrique, et elle reste volontiers ici. Chez moi, il n'y a pas beaucoup à faire, je ne suis pas exigeant, et puis, la cuisine, je la fais souvent moi-même. C'est une fille qui a très bon caractère, toujours gaie, très éveillée, elle a très bien appris l'italien. Mais surtout j'en avais assez de vivre avec des femmes qui au bout d'un moment me disaient : j'en ai marre d'être ta bonne. Celle-ci, au moins, est vraiment une bonne, il n'y a pas d'équivoques. »

Nous feignons de ne pas être scandalisés, car, si on le contredit, l'Excentrique tend à devenir répétitif, non pas tant par obstination que par une notion différente du temps : comme il n'a rien à faire, il peut perdre des heures à défendre ardemment une énormité, un paradoxe.

« La position d'un célibataire comme moi, poursuit-il en soupirant, est très difficile. Les femmes sont attirées par les solitaires, mais seulement parce qu'au fond elles y voient un défi. La première fois qu'elles montent ici, elles sont en extases; elles ont toujours rêvé d'un endroit comme celui-ci, d'une vie comme celle-ci; le lac, la barque, les hortensias à soigner, les pommiers à tailler. Paix, éternité, repos, bonnes lectures, bonne musique. L'idylle, en somme. Et elles m'admirent, me considèrent comme un homme idéal, un type rude et indépendant qui fait ce qu'il lui plaît à la face du monde. Il n'y a rien de vrai en tout cela, naturellement. C'est toujours le roman-photo. Elles passent quelques mois avec moi et commencent à s'agiter. Si elles sont idiotes, elles prétendent simplement m'épouser et me ramener à Milan, dans quelque appartement proche du centre, deux cabinets de toilettes et box pour l'auto. Si elles sont intelligentes, elles me prennent par l'ambition : tu ne sais pas te faire valoir, tu devrais te faire connaître, exposer tes tableaux, publier tes vers chez un grand éditeur, regarde tous les imbéciles qui courent les rues et qu'on prend au sérieux, et ainsi de suite, avec une insistance croissante. L'idylle est terminée, ça ne leur dit plus rien. C'est de nouveau moi qui m'occupe des hortensias. Les bonnes lectures les ennuient. Les bavardages du batelier qui au début était si sympathique, si humain, les énervent. Au cinéma du patelin on ne passe jamais rien qui vaille. Pourquoi ne faisons-nous pas un saut à Venise? A Rome? La solitude d'accord, mais on ne peut se couper de tout comme ça. Et l'exposition Monet? Et Salzbourg? Et Spolète? Jusqu'au reproche final, cinglant : tu ne m'emmènes jamais nulle part. »

L'Excentrique allume sa vingtième cigarette d'une main tremblante, et nous ne pouvons éviter de lui poser la question :

« Mais alors, quel est l'avantage de ne pas être marié?

– Ce n'est qu'apparent, admet-il, mortifié. C'est comme changer de marque de lessive ou d'essence. En réalité, toutes les femmes sont les mêmes, quand on vit avec elles. Tu creuses à peine et tu trouves l'épouse. Ensuite, que la chose dure trente ans avec la même ou un an seulement avec chacune, ça ne change rien.

– N'y a-t-il pas des exceptions? Les femmes qui ont une profession, les artistes, les féministes?

– Il y en a peut-être, et s'il y en a, elles me donneront raison. Le principal attribut féminin, la caractéristique fondamentale qui différencie la femme de l'homme, ce sont les plaintes, l'incapacité de ne pas se plaindre. Il faudrait en tenir compte, dans ces dessins schématiques que nous envoyons dans le cosmos à l'intention d'éventuels extraterrestres : un homme nu et à ses côtés une femme qui l'accable de ses plaintes.

– Mais il n'y a pas que les femmes pour se plaindre, objectons-nous.

– Justement ! triomphe l'Excentrique, tout le monde est en train de se plaindre terriblement. Les ouvriers et les industriels, les policiers et les prisonniers, ceux qui sont imposés et ceux qui imposent, les jeunes, les vieux, les transsexuels, les médecins, le personnel paramédical, les journalistes, les cheminots. On ouvre un journal, on allume la télé, et qu'est-ce qu'on entend ? Des plaintes ininterrompues, chorales. Nous vivons dans une société qui ne s'exprime et ne communique qu'au moyen de la plainte, voilà le véritable *mass-medium* de notre époque. Les féministes ont raison : c'est un monde déjà tellement féminisé ! pourquoi les femmes, maîtresses incomparables de la plainte, ne devraient-elles pas le diriger ? L'alternative consisterait à étudier à fond le phénomène; dépend-il de causes sociales ou culturelles auxquelles on peut remédier, ou bien au contraire, comme je le crois, n'existerait-il pas, par hasard, une hormone, une enzyme, une glande de la plainte, du mécontentement, de l'insatisfaction. Pensez au mythe de ces trois idiotes qui avaient tout et à qui ça ne suffisait pas encore. Elles organisent le jugement de Pâris, un crétin quelconque, et le résultat c'est la guerre de Troie. Non, j'ai bien peur que la plainte chronique, permanente, ne fasse partie de leur patrimoine génétique. »

La jeune Africaine entre, le sourire aux lèvres; elle apporte le plateau pour le thé. Mes amis, lui explique l'Excentrique pendant qu'elle nous tend les tasses, viennent de Turin. Son sourire se fait éclatant. Ah, Turin, la Consolata ! Les missionnaires de la Consolata ! Dans son pays, elle les fréquentait, elle chantait dans leur petite église, voyait les photos du sanctuaire. Comme elle aimerait le visiter! Et dire que ce n'est même pas très loin du lac Majeur. Son sourire s'évanouit soudain :

« Mais avec lui, rien à faire, nous dit-elle dans un italien parfait en haussant les épaules, il ne m'emmène jamais nulle part. »

UNE FEMME DES RUES

I

– Qu'en dis-tu, il faudra s'habiller? demanda-t-elle.

– Hein?... Oui, peut-être que oui, je ne sais pas... je n'en ai pas idée.

Elles semblaient décidément avoir le don, les femmes. Tu étais là à essayer de réfléchir, de te concentrer, pour te débrouiller avec les choses importantes de la vie, et elles rien : il fallait qu'elles continuent, imperturbables, à te casser la tête avec leurs hésitations et leurs doutes, leurs petits problèmes insignifiants.

– Je n'en ai pas idée, répéta-t-il sans se retourner. Décide toi-même.

– Mais je n'ai rien à me mettre, dit-elle.

Il s'appuya sur le coude et se tourna pour la voir. Les femmes! Mais on ne pouvait pas généraliser. Celle-ci était unique en son genre.

– Je ne sais pas si tu te rends compte, commença-t-il patiemment, nous sommes dans les ennuis jusqu'au cou, nous pouvons tout perdre d'un moment à l'autre, et toi... Mais... tu m'écoutes?

– Non. Celle-ci, elle me va comment?

– Très bien.

– Merci, tu ne m'as même pas regardée. Elle me va très mal au contraire et la couleur me tue.

Elle continua son manège, nue comme le bon Dieu l'avait faite, prenant et essayant, écartant, remettant en place, jetant.

– Celle-ci, peut-être. Qu'est-ce que tu en dis?

– Je ne sais pas, essaye-la.

– Non, c'est inutile, elle n'ira pas, ça se voit tout de suite.

– Alors reste comme ça.

– Comme ça comment?... Oh!

Tout à fait scandalisée. Très grande dame. Terriblement comme-il-faut.

Mais aussi, pensa-t-il, et ce n'était pas la première fois, terriblement frivole et légère. Quelle autre femme à sa place, dans une situation difficile, pour ne pas dire désespérée, comme la leur...

Il ne réussit pourtant pas à en imaginer une autre, surtout quand elle vint se mettre devant lui « Comment tu me trouves? » puis dans ses bras « Tu feras attention à ne pas me froisser? » dans la toilette bouleversante qu'elle avait choisie en fin de compte.

– Tu es unique. Tu es unique.

– Je sais. Mais fais attention à...

– Tu y tiens donc tant?

– Pas du tout.

Une femme enthousiasmante, avec tous ses défauts. La femme faite pour lui.

*

Sauf que... Il se remit à broyer du noir, en regardant le ciel du crépuscule et les ombres, vaguement menaçantes, qui allaient en s'épaississant dans le jardin... Sauf que, la situation était désormais ce qu'elle était, la faute...

– A quoi penses-tu? dit-elle.

Non, il ne pensait pas et ne penserait jamais, si mal que cela pût aller, que c'était sa faute à elle. Du moins pas entièrement.

– A rien de spécial, dit-il.

Un homme dans sa position, une fois son choix fait, devait aussi assumer ses responsabilités.

– Mais à quoi?

Avec elle, c'était justement ça qui était difficile. La persuader que les vraies responsabilités lui revenaient, à lui. La convaincre de ne plus en faire à sa tête, au moins dans certains domaines, de ne plus jamais prendre certaines initiatives.

Il frissonna. Dans le bruissement de la première brise parfumée du soir, il lui semblait déjà entendre les pas dans le jardin... la convocation... la notification de sa mise à pied immédiate.

– Ecoute, dit-il en tremblant.

– Oui?

– Admettons que je perde vraiment ma place.

– Admettons.

– Admettons que nous soyons vraiment à la rue.

– Admettons. Pourquoi pas?

– Mais enfin! dit-il en la prenant par le bras et en la secouant.

– Ça suffit! dit-elle en lui ébouriffant sauvagement les cheveux. Admettons que tu cesses une bonne fois de crier avant qu'on t'écorche. »

II

– C'est peut-être un trou, dit-il avec une fausse modestie, en regardant tout autour de lui tandis qu'elle achevait d'ôter le couvert. C'est peut-être une bicoque, mais en tout cas nous ne sommes plus à la rue.

Et vas-y donc avec la rue.

– Nous avons un toit.

Et vas-y donc avec le toit. Maintenant il allait parler du foyer.

– Un foyer.

– Et vas-y donc avec ta rue! cria-t-elle, hors d'elle. Vas-y donc avec ton toit et ton foyer! A t'entendre, on dirait que c'est le tout de la vie! N'empêche que toi...

– N'empêche que je... quoi?

– Rien, laissons tomber.

Elle haussa les épaules, en manœuvrant le balai à petits coups rageurs.

– Excuse-moi, si tu t'enlèves un instant je pourrai donner un coup de balai ici aussi. Voilà, très bien.

N'empêche qu'à la maison, c'était à elle d'y rester. Lui, avec son travail de maintenant, il était en balade du matin au soir.

Elle alla jeter les ordures. Elle lava le peu de vaisselle qu'il y avait et s'attarda à l'essuyer, histoire de passer ses nerfs. Elle lui prépara quelque chose pour le lendemain matin.

Bah, au fond elle ne savait même pas elle-même ce qui lui avait pris. Il ne devait pas tellement s'amuser, le malheureux. Se lever tous les matins à une heure impossible, se mettre en route par tous les temps, et s'échiner toute la sainte journée ici et là, par en haut, par en bas, en transpirant et en prenant des risques pour elle.

Elle le regarda, assis dans son coin, renfrogné, vexé, et courut l'embrasser avec transport. Elle s'assit à côté de lui, près du feu.

– Mon pauvre chou, dit-elle en l'embrassant. Mmmmmmiou...

– N'empêche que je quoi? dit-il, glacial.

– Rien. Pardonne-moi. Je sais bien que ça ne t'amuse pas.

– De faire quoi?

– Etre dehors toute la journée. Par-ci, par-là. Dans la rue, comme tu dis.

– Moi, si tu permets, je ne disais pas exactement ça. Mais je dis que pour un homme...

– Le toit, je sais. Le foyer. Ne plus être à la rue. Mais moi je dis pour une femme.

– Pour une femme?

– Mais oui... Parce que, enfin, excuse-moi : si une femme avait envie d'y être, à la rue? Si ça l'amusait? Si pour elle... Si pour moi... la vie qui compte c'était ça?

– Dieu! dit-il, mais tu n'as pas honte? Ecoute, reprit-il après un long moment, je ne t'ai jamais rien reproché : ni la perte de ma place, ni l'exclusion de notre ancien logement, ni la vie misérable que nous menons à présent. Mais au point où nous en sommes...

Il se leva, se mit à crier.

– Au point où nous en sommes, cria-t-il, j'en suis presque à me demander si tu ne l'as pas fait exprès!

– Mais bien sûr, dit-elle, doucement, bien sûr que je l'ai fait exprès. Tu ne l'avais pas encore deviné?

Il la regarda stupéfait, consterné, hébété.

– Exprès pour nous faire mettre dehors? balbutia-t-il. Mais non, c'est impossible... c'est absurde... je ne comprends pas...

Elle haussa ses splendides épaules.

Et il ne comprendrait jamais, pensa-t-elle avec lucidité, avec calme, avec un détachement résigné et soudain. Un homme ne pouvait pas comprendre.

Elle se leva, elle aussi, et sortit sans le regarder, alla s'asseoir dehors, dans l'obscurité.

*

Ici, la nuit même était différente. Les étoiles semblaient plus froides, plus lointaines. L'air n'était plus aussi doux et parfumé que dans leur jardin, autrefois. Au lieu des brises langoureuses et des tendres gazouillements, du murmure toujours égal du ruisseau, il y avait la rumeur des fleuves grossis par les pluies, le fracas des arbres abattus par la foudre, les grognements effrayants des bêtes de proie.

Pourtant...

Un froissement dans un buisson voisin la fit frémir de crainte et de dégoût. Elle n'aurait pas dû sortir comme ça, pieds nus, pensa-t-elle en rajustant son manteau de fourrure désormais usé. Et même, à cette heure-ci, elle n'aurait pas dû sortir du tout, au moins toute seule.

Mais au diable! elle n'allait pas se mettre à penser comme lui, maintenant? Au diable.

Le froissement se refit entendre, mais plus loin. Puis un bruit de pas – mais pas les siens – qui s'approchaient.

Dieu, pensa-t-elle, au moins ici il pourrait nous laisser en paix!

– Tu es seule? Et ton mari, où est-il?

Elle indiqua le seuil vaguement illuminé derrière elle.

– Je vais l'appeler, dit-elle en se levant.

– Non. Je suis venu te parler, à toi.

– D'autres reproches à me faire?

– Mais non. Viens. Marchons un peu.

Au contraire, il était venu s'excuser, lui expliqua-t-il tandis qu'ils marchaient. Il le savait fort bien, il l'avait toujours su qu'elle n'aurait jamais pu y tenir, dans cette espèce de jardin d'enfants. Qu'elle aurait fait n'importe quoi pour se faire mettre dehors. Son mari au contraire, qui, au fond – elle ne s'offenserait pas s'il le lui disait ? –, son mari, qui, au fond, était toujours resté un enfant, ne se serait jamais décidé tout seul. C'est pourquoi...

Ah, dit-elle mi-vexée, mi-flattée. Ainsi, il s'était servi d'elle pour Ses desseins. Elle aurait dû le deviner.

Euh, dit-il, ambigu, parfois Ses desseins étaient si compliqués que Lui-même... Mais elle n'était plus une enfant. Certaines choses, elle pouvait les comprendre.

Elle comprit surtout que la part la plus ingrate, dans toute cette histoire, serait toujours la sienne : entre un mari simplet, infantile, et une Intelligence suprême, certes, mais aux limites de l'intelligible.

– Je ne Vous ai jamais remercié pour le manteau de fourrure[1], dit-elle après un silence, histoire de dire quelque chose.

– C'était bien le moins que je puisse faire... Mais il est tard. Tu dois avoir froid. Je te raccompagne chez toi.

Ils s'étaient beaucoup éloignés, l'obscurité était dense, elle n'était même pas sûre de retrouver son chemin. Mais il fallait bien qu'elle s'habitue. Ce chemin-ci ou celui-là, le bon ou le mauvais... Elle n'était plus une enfant. Il l'avait dit Lui-même.

– Merci, sourit-elle en Lui tendant la main. Merci, j'irai seule.

1. Hawwàh – ou Eve –, la protagoniste de ce récit, reçoit de Jahveh Elohim une « tunique de peaux » au moment où elle est chassée de l'Eden; voir *Genèse*, 3, 21. A propos de sa toilette précédente (quand elle se rend compte qu'elle n'a rien à se mettre), voir *Ibid.*, 3, 7.

EL-KHATUN DU DÉSERT

PUBLIÉES en 1927 et jamais rééditées depuis 1930, les fascinantes *Lettres à la famille* ont enfin reparu dans les librairies anglaises. Une traduction italienne est annoncée, mais pourquoi ne pas le porter aussi à l'écran, cet extraordinaire personnage qu'on appela El-Khatun ?

On pourrait commencer par ses solennelles funérailles militaires, à Bagdad, en 1926, en la présence éplorée du roi Feyçal, du Haut Commissaire britannique en Mésopotamie et d'un nombre invraisemblable de cheiks.

Ou bien, remontant de deux ou trois années en arrière, on pourrait le montrer à bord d'un avion de reconnaissance de la RAF, tandis qu'il survole le désert et les montagnes entre Mossoul, Kirkuk et Salamaïniyah. Ce début serait bien d'actualité, puisque ce vol avait pour but de contrôler les déplacements des guérillas kurdes entre les frontières turque et persane de l'Irak.

Le mieux toutefois serait de partir d'une photo de 1921, fanée mais authentique, où El-Khatun, sur le fond suggestif des pyramides de Gizeh, figure à dos de chameau entre Winston Churchill et le colonel Thomas Edward Lawrence, dit Lawrence d'Arabie. (« Winnie » aussi est à dos de chameau, mais il semble sur le point de glisser;

comme il glissera en effet un instant plus tard, au grand divertissement de ses deux compagnons.)

Après quoi l'histoire commence rétrospectivement à Oxford, en 1888, en présence des autorités académiques. Une jeune fille aux yeux clairs et aux cheveux auburn, maigre, très élégante, reçoit un *first* (1er prix) de la History School pour sa thèse d'histoire moderne. C'est la première fois qu'un *first* d'Oxford est attribué à une femme, fait remarquer le doyen de la faculté en félicitant la jeune fille et en lui souhaitant un brillant avenir. La nouvelle lauréate, qui n'a pas encore vingt ans, vit, heureuse et sans fausse modestie. À coup sûr, un avenir elle en a un. El-Khatun, c'est elle.

Ou plus précisément : elle va le devenir. Pour le moment, elle n'est que miss Gertrude Bell, fille de sir Hugo et de lady Florence. Quant à l'arabe – que contrairement à Lawrence elle parlera couramment, avec une prononciation bédouine impeccable – elle n'en connaît pas encore un seul mot. Si on lui disait que chez les nomades du désert, de Syrie en Mésopotamie, du Nafoud au haut-plateau du Nedjed, elle déviendrait célèbre sous les noms de *Khatun es-Sahra* ou de *El-Khatun*, elle ne saurait pas que le premier mot signifie « la dame du désert » et le second simplement « la dame ».

Cependant, à Oxford déjà, elle se distingue par d'autres *first* que celui d'histoire : elle est la première à fumer avec désinvolture en public; la première aussi à porter des souliers bleus ou marron et non pas noirs, chose impensable à l'université pour une jeune fille victorienne.

D'autre part, son père et sa mère n'ont d'yeux que pour elle et la laissent faire ce qu'elle veut, tout en prenant quelques précautions. Veut-elle aller à Bucarest ? Ils l'envoient à Bucarest (où, bien sûr, elle sera l'hôte de l'oncle Frank, ministre de S.M. britannique). Elle veut aller à Berlin ? Qu'elle aille à Berlin (où elle prendra le thé avec le Kaiser, l'*Allerhöchst*, et le trouvera odieux). Désire-t-elle ensuite vivre à Londres plutôt qu'à Red Barnes, la maison de famille? Elle va vivre à Londres (mais chez sa tante Maisie, femme de lord Sheffield).

L'été, de toute façon, Gertrude n'est pas du genre à aller avec ses frères et sœurs aux bains de mer. Elle préfère s'initier à l'alpinisme en Suisse. Son père l'y emmène donc, mais, rappelé en Angleterre par ses affaires, il l'y laisse se débrouiller seule. Il ne lui recommande que deux choses : d'abord, choisir de bons guides, ensuite, tenir la famille au courant de tout ce qu'elle fait.

Il ne savait pas à quoi il s'exposait.

La jeune fille révèle aussitôt un génie exceptionnel pour persuader les guides les plus prudents de la suivre dans les entreprises les plus hasardeuses, aussi bien en Suisse que, plus tard, dans les grands déserts horizontaux ou encore dans ceux, « verticaux » (comme elle les appelle), autour de Bosra, Hayl, Kermanshsh, entre les razzias de pillards arabes et l'hostilité des garnisons ottomanes. De plus, elle écrit comme elle respire (ses lettres à la famille – *The letters of Gertrude Bell*, présentées par Lady Bell, Penguin Travel Library, 1987 – sont en réalité un journal minutieux : un des chefs-d'œuvre de la littérature autobiographique anglaise) et il ne semble jamais lui passer par la tête que les situations où elle se met puissent affoler les siens :

« Il y a un mauvais passage où la corde double ne peut pas servir, et je ne comprends pas même comment font les plus experts pour ne pas dégringoler », écrit-elle à son père à la veille d'escalader l'Engelhorn. « *However they do* (en tout cas, ils y arrivent) », ajoute-t-elle rassurante.

De même, des ruines d'Oukhaïdir (où elle s'est aventurée, avec mulets et chameaux, dans un but archéologique, malgré le veto turc et les incursions de tribus shammar en révolte), elle fera parvenir à sa mère ce message de réconfort : « Je crois que parmi ces ruines nous serons à l'abri des attaques. Au moins je l'espère. »

*

De l'Engelhorn à Oukhaïdir, la route passe par Téhéran, où sir Frank a été nommé et où sa nièce, après une étude préalable et intensive du persan à Londres, va lui rendre visite en 1892. Une brève séquence du film nous la montre dans les jardins de l'ambassade lisant (en v.o.) *Le Divan* de Hafiz à un jeune diplomate qui la courtise. Mais dans les séquences suivantes nous la voyons à cheval dans le désert, seule, et à la façon dont elle regarde ce qui l'entoure, nous comprenons que pour cette jeune Anglaise de vingt-quatre ans, c'est cela, le vrai coup de foudre.

Dès cet instant, le désert, le *sabra*, lui deviendra nécessaire comme la mer à un héros de Conrad, même si, au désert par antonomase, le Sahara, elle préférera toujours ceux de l'est de Suez, qu'elle trouve plus exaltants et mystérieux. Et pour y rester elle trouvera toujours de nouveaux prétextes : étudier l'arabe dans ses dialectes les plus reculés, chez des tribus nomades mal connues ou tout à fait inconnues jusque-là; écrire des articles et des mémoires pour la Royal Geografic Society, explorer des sites géographiques (son livre sur Oukhaïdir et celui sur les Bin-bir-kilissé en Asie mineure, écrit en collaboration avec sir William Ramsay, font autorité aujourd'hui encore; à Bagdad, toute une aile du Musée national porte son nom).

Du reste, il ne s'agit pas de simples prétextes; ses décorations civiles le prouvent (comme le CBE : *Companion of the British Empire*), de même que les médailles militaires qu'elle reçevra plus tard. Sa vraie vocation est sentimentale, poétique. Un des thèmes sur lesquels elle revient le plus souvent est la lente progression de sa caravane, la nuit, vers des lieux distants de trente ou même de quarante journées de marche, mais qui, au fond, ne l'intéressent pas en eux-mêmes. « Parfois je me demande, avoue-t-elle, s'il est aucune destination où il m'importe d'arriver. » Car ce qui la fascine c'est le voyage en soi, les rares rencontres avec d'autres caravanes, la recherche nocturne des points d'eau, la conversation avec les ombres proches, mais à peine distinctes de ses chameliers et du guide.

« Où es-tu, Ô Khatun? « Je suis là, Ô Ahmed! » « Ô Khatun, ici, c'est la vallée de l'Ane sauvage! Allah est miséricordieux. » « Allah est grand, Ô Ahmed, mais la trouverons-nous cette bienheureuse fontaine du Daim? » « Peut- être à l'aube, Ô Khatun. »

*

La première partie du film se termine en 1914, avec l'entrée en guerre de l'Empire turc contre l'Entente, et le retour forcé en Angleterre, d'où Gertrude passe aussitôt en France dans les services auxiliaires de l'armée. Quant à la deuxième partie, nous sommes obligés, faute d'espace, de la réduire à une seule scène.

Nous sommes au Caire, au QG des forces impériales britanniques, en automne 1915. Avec sir Hugh Trenchard, sous-secrétaire à l'aviation, nous trouvons réunis autour d'une même table : le grand orientaliste David Hogarth, professeur à Oxford et président de la Geographical Society; le célèbre archéologue sir Leonard Woolley; et un jeune lieutenant, ex-élève de Hogarth, à Oxford, ex-assistant de Woolley à Ur et à Carshemish. Il semblerait presque qu'en dépit de la guerre on soit en train de préparer une campagne de fouilles avec l'appui de la reconnaissance aérienne.

En réalité, après le désastre de Gallipoli, la campagne à entreprendre d'urgence est celle contre les Turcs en Mésopotamie et dans le Hedjaz, avec l'appui de la résistance arabe. Et chacun des personnages présents est également spécialiste en « reconnaissances » autres que purement géographique ou archéologiques. C'est d'ailleurs pour cela que sir Hugh se retrouvera après la guerre à la tête de Scotland Yard. De son côté, le professeur Hogarth, malgré son uniforme d'officier de marine, dirige « l'Intelligence Bureau » pour le Moyen-Orient. Sir Leonard appartient en revanche aux services secrets de l'armée avec le grade de capitaine. Quant au jeune lieutenant, enrôlé dans les mêmes services, ce n'est autre que T.E. Lawrence.

Tous quatre n'ignorent pas qu'il y en a un cinquième qui, sur les Arabes du désert et leurs cheiks, en sait plus qu'eux tous ensemble. Sa participation serait précieuse. Mais comment l'emporter sur les préjugés anti-féministes du Haut Commandement? L'intervention de sir Winston Churchill, qui est à la tête du War Office et n'a pas ces préjugés, résoudra le probème. Miss Bell reviendra ainsi en Mésopotamie avec le corps expéditionnaire britannique, tandis que Lawrence mènera sa propre campagne dans le Hedjaz.

Le reste est impossible à résumer ici. Mais dans l'attente de la traduction et du film éventuel, les lecteurs lisant l'anglais et non anti-féministes feront bien de se procurer les lettres d'El-Khatun dans le texte original : ils ne les trouveront pas moins captivantes ni moins « sages » (quoique d'une sagesse et surtout d'une sincérité tout à fait différentes) que *Les Sept Piliers de la Sagesse* de Lawrence.

VIII

LE PAS DE M. TESTE

Les noctambules. Années de plomb et années de plumes. Notre agent sur Deneb. Diogène en Italie. Cioran et le pire. Common decency. *Encore une fois. Le chiffre de Borges. L'écrivain dans la Maison. Le secret de Beckett. Le pas de M. Teste.*

LES NOCTAMBULES

Mais comment faites-vous donc, nous demande-t-on parfois, pour ne pas être angoissés par l'œil de la caméra, pour rester assis sur ces sièges précaires de *talk-show* et répondre aux questions de l'animateur sans vous laisser aller à la panique ? Et comment se peut-il que le rapport entre l'écrivain et les *mass-media* ne provoque en vous, semble-t-il, ni dilemmes, ni drames, ni coliques de conscience ?

Ah, répondons-nous, c'est parce que, pour l'écrivain comme pour l'oie, tout dépend de la première impression, de l'*imprinting,* selon le terme de Konrad Lorenz. Et pour notre *imprinting* à la télévision, notre baptême du feu, notre premier contact avec le Monstre, nous avons eu le paradoxal privilège d'être guidés par un des hommes les plus titubants, anxieux et perplexes que nous ayons jamais connus; par un Virgile hésitant et très doux, par un poète d'une sensibilité, d'une émotivité suprêmes, et parmi les plus grands du XXe siècle italien; par notre ami (inoubliable ? eh oui, inoubliable) Vittorio Sereni.

Pour qui ne connaîtrait de lui que ses poèmes ou ses proses pudiquement autobiographiques, il serait impossible de l'imaginer dans le rôle d'intervieweur pour le petit écran. Pourtant ce fut bien lui qui nous invita à l'émission qu'il animait, contre toute vraisemblance, pour la télévision de la Suisse italienne, voilà une vingtaine d'années. L'émission s'appelait *Travaux en cours* et Sereni nous en parla comme d'une petite réunion familiale, cordiale, à la bonne franquette, une sorte de rencontre entre amis, au café, avant d'aller dîner quelque part. Et, si c'était lui – roi de l'effacement, seigneur du scrupule, tzar du rougissement et de l'embarras – qui nous faisait une telle proposition, nous pouvions nous y fier.

Il vint nous prendre avec son Alfa bleue, à la gare Garibaldi de Milan, un soir glacé de fin février ou de début mars. Dans la voiture se trouvait déjà le responsable de l'émission, son ami Grytzko Mascioni, que nous ne connaissions pas; et nous partîmes tous les quatre pour Lugano sous un ciel chargé de nuages de mauvais augure. Peu après, en effet, la neige commença à tomber, les essuie-glaces de la voiture firent entendre une brève stridulante lamentation d'agonie et s'arrêtèrent tout à fait. Nous aurions parié n'importe quoi sur la confusion et l'anéantissement de Sereni; mais lui, comme amusé, stimulé par l'imprévu, invita celui d'entre nous qui était assis près de lui à baisser la vitre et à tenter d'actionner le mécanisme de la main en se penchant au-dehors. Ainsi, nous avançâmes, périlleusement. La neige entrait par rafales dans la voiture, mais tandis que nous claquions des dents en pensant avec nostalgie au chemin de fer, le chauffeur, dédaignant la tourmente, tendu en avant, les mains agrippées au volant, suivait le halo étriqué des phares, avec un sourire excité, enthousiaste.

Nous ne vîmes dans cette attitude que fraîcheur enfantine, candide joie de vivre capable de transformer ce bref voyage en un défi à la Michel Strogoff, ces virages, ces montées et descentes parmi les masses obscures des collines, en Dieu sait quel paysage fantastique. L'euphorie aventureuse de Sereni ne s'apaisa pas à Lugano, ville qui nous était alors inconnue. Il voulut nous guider dans la nuit, par des rues désertes, des places à peine blanchies, le long du sombre et liquide mystère du lac, par des routes escarpées et tortueuses jusqu'à un belvédère connu de lui, d'où, à travers le voile ténu de la neige, on pouvait contempler alentour des grappes et des festons de lumières surplombant les flots. Il gesticulait, riait, parlait à voix haute dans le grand silence, et, au moindre encouragement de notre part, aurait peut-être entonné quelque chant militaire ou populaire.

Comme il n'y avait aucune circulation, nous descendions en marchant, tous les quatre, sur toute la largeur de la route, et Sereni nous parla d'un tableau qu'il lui semblait avoir vu dans un musée ou reproduit dans un livre, représentant quatre antiques gentilshommes en marche dans l'obscurité. Non, ce n'était pas *La Ronde de nuit*, mais quelque chose de vaguement semblable, du moins par le sujet et peut-être par l'époque. Espagnol? hollandais? français? italien? Il n'aurait pas su dire, son souvenir était brouillé, lointain, et cependant précis, insistant, c'était presque une obsession, désormais. Pouvions-nous l'aider à l'identifier? Nous nous efforçâmes de repêcher dans nos mémoires quelque indice, quelque nom plausible; mais Sereni scouait la tête, nos attributions hypothétiques ne coïncidaient pas avec l'imprévision fuyante du tableau que d'ailleurs, admit-il, il ne pouvait exclure avoir simplement rêvé.

Contre nos habitudes, sceptiques plus qu'austères, nous suivîmes ensuite notre meneur dans le night-club de l'hôtel, attendris par sa disponibilité bouillonnante, par l'exubérance conviviale qui l'animait depuis quelques heures et qui, à l'évidence, lui faisait apparaître comme un « coup de vie » ce qui après tout n'était qu'un voyage de travail normal.

Parmi les tables à moitié vides et le vacarme de l'orchestre nous le vîmes occupé à jouir pleinement du présent, et nous nous contentâmes de décourager deux entraîneuses diligentes, accourues pour nous proposer du champagne. Dans la pénombre, elles avaient dû nous prendre pour des joueurs du casino de Campione venus fêter un gain, mais en nous entendant commander du Coca-Cola et du sirop de tamarin (s'il y en avait) elles nous abandonnèrent avec une grimace à notre sordide destinée.

Le lendemain, Sereni se révéla un intervieweur impeccable, comme s'il n'avait jamais rien fait d'autre de sa vie; il incitait, suggérait, facilitait, libérait. Fascinés par cette expérience incroyable (être mis tranquillement à l'aise par un professionnel notoire de la timidité, de l'indécision) nous oubliâmes complètement les *mass media,* leur inquiétant pouvoir, les ombres problématiques qu'ils projetaient. Pour nous, la télé est restée définitivement associée au profil net et gentil du poète, à la mobilité de son regard, à ses rougissements soudains, à son sourire toujours un peu courroucé, en équilibre entre la nécessité du soupçon et le désir de l'abandon.

Des années passèrent, et un jour nous arriva une revue littéraire avec quelques-uns de ses derniers poèmes. L'un d'eux était intitulé *Addio Lugano bella,* d'après l'ancienne chanson, et portait, en épigraphe, une dédicace pour nous et pour Grytzko Mascioni : « Ils savent pourquoi. » Le voyage en voiture, la chute de neige dans les montagnes, les lacs *transitoires,* la promenade nocturne dans la ville, tout y était; et nous y étions aussi, en conclusion :

Ils vont altiers ces gentilshommes noctambules
Descendus avec moi sur la route
D'un tableau vu autrefois, perdu
De vue, cherché parmi des souvenirs d'autrui
Ou simplement rêvé.

Ces vers nous remplirent d'un orgueil illégitime et davantage encore de honte rétrospective. Peu ont la chance de servir, fût-ce sans le mériter, de pierre dans un édifice lyrique; bien peu ont celle de cueillir l'instant miraculeux où la muse effleure le poète et met en branle ses circuits secrets de synthèse, de transfiguration. Nous, pendant toute cette soirée, nous avions eu ce phénomène sous les yeux sans nous en rendre compte. L'allégresse, la vivacité exubérante, l'humeur vagabonde de Sereni n'étaient rien d'autre que les signes extérieurs de la possession divine, les manifestations irrépressibles d'un poète sous inspiration. Nous n'avions rien compris, nous n'avions mérité ni la dédicace, ni la qualification de « gentilshommes noctambules », fût-ce par raccroc, en copropriété avec les silhouettes oniriques du tableau.

Et cependant, lorsque ce poème, plus tard, fut publié dans le dernier recueil de Sereni, *Stella variabile,* il nous attrista que la dédicace eût été supprimée et remplacée par un vers de Bartolo Cattafi : *Quand dans la nuit nous allâmes.* Désormais, nous nous étions faits à l'idée gratifiante d'être « dans » une poésie de Sereni, et par la suite, parlant avec Mascioni de cette substitution, nous fîmes le projet d'en demander sévèrement raison à l'auteur; en utilisant le papier à en-tête et la signature (fausse) de quelque ami avocat, nous lui adresserions, en recommandé, une requête de réparation publique en notre nom à tous trois, avec menace de saisie et de poursuites, le tout dans le plus intimidant langage légal. Pendant dix secondes au moins, Sereni y aurait cru.

Sa mort, voilà un an, nous empêcha de mettre en œuvre notre plaisanterie. Mais en revenant à Lugano, ces jours-ci, pour une autre interview à la télévision, et en retrouvant les mêmes nuages sombres, les mêmes pentes arides, la même neige sur les quais du lac balayés par le vent, nous nous sommes souvenus de ce lointain *imprinting.* Et d'un vers fascinant de Sereni : *Il n'est rien, on le sait, que la mort ne descelle,* nous avons tiré une justification, ou un présage, de ce récit indiscret qui ne peut avoir de véritable conclusion. Personne, désormais, ne pourra plus résoudre l'énigme du tableau et de ses fantomatiques noctambules.

ANNÉES DE PLOMB
ET ANNÉES DE PLUMES

Ce doit être, sans doute, un prix mérité, juste, sacro-saint, mais pour nous qui sommes ici, tardivement assis sur le sable déjà un peu froid de fin septembre, où n'arrivent que des échos atténués des festivals, jurys, intrigues, commérages, applaudissements dans les salles (grandes et petites) de projections, pour nous qui n'avons vu aucune des œuvres en compétition à Venise et qui n'en connaissons que ce que nous concèdent mistral ou sirocco en nous arrachant le journal des mains, pour nous qui sommes de vieux et désintéressés consommateurs de cinéma, et rien de plus, ce « lion » attribué à un film qui s'appelle *Années de plomb* fait l'effet d'un lourd plongeon dans un passé bien trop récent. Mon Dieu – c'est notre première réaction –, nous y revoilà déjà avec l'engagement et les larmes, on recommence déjà avec le 2 novembre.

Nous cherchons alors à nous donner du courage. Le titre? Pas très léger, d'accord. Mais souvenons-nous que voilà quelques années nous vîmes par hasard un film d'un jeune metteur en scène anglais qui s'intitulait *Moments sombres* et qui était une merveille. Comme était très bon également *Le Coup de grâce*, sur la guerre des *freikorps* dans les pays baltes, mis en scène, tiens, tiens, par le mari de von Trotta (ou de l'une de ses actrices? le vent a entraîné la page, là-bas, contre cette barque renversée). Et puis le jeu des acteurs doit être superbe. Et puis Dieu sait ce que valaient les autres films. On ne peut pas dire, nous répétons-nous, on ne peut pas juger tant qu'on n'a pas vu.

Au vrai, ce n'est pas le film en lui-même, très bon ou très ennuyeux, ou son titre, qui nous déprime. C'est un doute plus général, un soupçon plus compliqué. Même si dans quelques mois, quand il ne passera plus en exclusivité, il doit nous fasciner (tu crois? avec ces deux sœurs qui discutent du début à la fin? et sans nous faire voir – finesse des finesses – une seule action terroriste? bof!) même si, tout étant possible, ces *Années de plomb* nous clouent viscéralement et intellectuellement à nos fauteuils en similicuir; même dans ce cas le doute persistera, le soupçon rongera : si par exemple, cette année, à Venise, *Le Pigeon*[1] avait été en compétition, est-ce qu'on lui aurait donné le « lion »?

Furio Scarpelli, qui, avec Age, écrivit le scénario de ce joyau et qui est assis avec nous sur la plage déserte, élude en souriant nos provocations. L'hypothèse ne peut se présenter. On ne peut refaire *Le Pigeon*. Autre époque, autre climat. De temps en temps, quelqu'un voudrait essayer, écrit, prend des contacts fébriles pour une adaptation en comédie musicale, pour une transposition à Harlem, pour une mise à jour, un *remake*. Sur le papier, le canevas est parfait, l'histoire de cette bande de petits voleurs jobards qui font mine d'être des *masters criminals*, a le caractère linéaire, la simplicité d'une comédie classique, comme les

1. Titre italien : *I soliti ignoti*. Mise en scène de Mario Monicelli. *(N.d.T.)*

jumeaux pris l'un pour l'autre ou le soldat fanfaron.

Mais ensuite, justement comme pour un classique, on s'aperçoit qu'il vaut mieux ne pas y toucher, toute opération de rajeunissement se révèle irréalisable.

En 1957, il était encore possible de présenter des malfaiteurs sous un éclairage affectueux, dit Scarpelli, et de raconter leurs exploits sur un ton amusé. C'était, au fond, une métaphore de l'Italie d'alors, sur le seuil de la « civilisation moderne » mais avec une faim ancienne à satisfaire, débarrassée depuis peu de ses loques et haillons. La faim, dans le cinéma comique de ces années-là, occupait une place extraordinaire; il ne manquait jamais une scène avec d'énormes baguettes, d'immenses plats de spaghetti, et le héros jouait sa place, son avenir, ou renonçait à une blonde provocante pour une soupière de *pasta e fagioli*, une pizza au diamètre monumental.

Aujourd'hui la faim comme ressort comique a fini de fonctionner. Et avec quelle crédibilité mettrait-on en scène des malfaiteurs sympathiques? Il n'y a pas un spectateur qui n'ait été victime, directement ou indirectement, de criminels, grands ou petits; et il en a peur, il ne sort pas le soir, il blinde sa porte, sait qu'il risque coups de trique, coups de couteau, sa peau. Une bande de déliquants empotés, non affiliés à quelque mafia ou camorra, étant composée, vraisemblablement, de toxicomanes ou de voyous au poignet si tremblant que le coup part tout seul. Comment peut-on plaisanter avec ces choses-là?

C'est aux blagues, aux plaisanteries que Scarpelli a dédié sa vie, comme d'autres la dédient aux lépreux. Cela a commencé, nous raconte-t-il, par les journaux humoristiques. Gamin, il collaborait à des journaux humoristiques avec des dessins et des petites histoires. Dans l'après-guerre, il dirigea même une feuille satirique anticléricale. Le quotidien socialiste *Avanti!* publiait régulièrement ses dessins politiques. Il fréquentait la légendaire pharmacie de Garinei, place San Silvestro, à Rome, où fourmillaient chansonniers, humoristes étudiants, caricaturistes, journalistes et poètes satiriques, *gagmen*, auteurs de chansons et de revues, scénaristes et metteurs en scène de spectacles de variétés.

Dans cette ambiance, à la fois jungle et vivier, dans le désordre, dans le tintamarre, dans l'improvisation, dans un creuset d'effronterie et d'irrévérence, dans la spontanéité et le hasard les plus grands, naquit le cinéma comique italien, le plus vaste phénomène de créativité et de génie collectif que notre culture ait produit depuis la *commedia dell'arte* et l'opéra bouffe.

Personne ne s'en rendit compte, évidemment. Les intellectuels de l'époque, le sourcil froncé, déjà, par l'engagement et le 2 novembre, cherchaient plutôt la truffe « national-populaire », du côté, par exemple, de Lucchino Visconti, duc exquis et engagé. Personne ne comprit rien, comme d'habitude.

Mais Scarpelli sourit, derrière ses verres épais. Il n'en veut à personne, il ne récrimine pas, ne se pose pas de problème de *status*, n'a pas besoin de reconnaissance. Sa modestie adhère à lui comme une combinaison sous-marine.

Nous-mêmes, dit-il, nous nous sentions à une distance astronomique du « vrai » cinéma. Des fourmis sur la marche la plus basse de l'escalier de marbre. Nous cuisinions nos farces, nos bouffonneries, nous construisions nos personnages déments, nos folles extrapolations, en pêchant cependant toujours dans ce que nous voyions autour de nous, inconscients, inspirés. Nous riions, nous nous amusions, que pouvait-on demander de plus? C'étaient des années de plumes. Il nous semblait normal que les critiques, les intellectuels, les hérauts des chefs-d'œuvre nous regardent de haut en bas, ignorent notre travail.

D'ailleurs, c'était inévitable dans un pays qui est resté, pour ainsi dire, sous-développé en matière de sérieux. Les Italiens sortent éreintés des conférences grandiloquentes, mais ils en sont impressionnés; en fin de compte, ils estiment plus le conférencier rébarbatif que le clown qui les a fait rire. Ils sont terrorisés à l'idée d'apparaître frivoles, futiles, irresponsables, populaciers, ignorants.

Peut-être parce qu'ils le sont?

Scarpelli n'est pas aussi drastique; il les a mis en scène tant de fois qu'il les aime. Mais il sait qu'ils mettent automatiquement chapeau bas devant ce qu'ils estiment être « les choses sérieuses ». Il sait que, pendant que les cinéastes comme lui produisaient dans les années de plumes des œuvres d'une vitalité prodigieuse, les hérauts ne saluaient que les œuvres lourdes de pensées humano-politico-sociales; ils annonçaient des réseaux métropolitains complets creusés dans le sous-sol de l'âme et le magma de l'inconscient; ils exaltaient les films « courageux », « problématiques », « dénonciateurs », « analysateurs », qui « démystifiaient », « mettaient à nu » et dont personne, ou presque, ne se souvient aujourd'hui.

Il y eut un bref réveil, voilà quelques années. Après avoir déposé leurs trompettes, les hérauts regardaient autour d'eux, perplexes. Comment ça? le cinéma italien ne savait plus rire? Où étaient parties l'ironie, la satire, l'insouciance, la bonne humeur? Tout à coup, ces qualités négligeables devinrent importantes, indispensables. Et alors, en avant la musique! allons-y avec les rétrospectives et les récupérations! Il suffit que vingt ou trente ans se soient écoulés pour qu'on daigne lever son chapeau devant un lazzi antique, une facétie tirée d'un champ de fouille.

C'est peut-être un hasard, observons-nous, mais juste au moment où quelques nouveaux talents comiques se révèlent, où les rires recommencent à fuser dans les salles, voici que les hérauts, à Venise, récompensent en une ovation unanime un film qui s'appelle *Années de plomb*.

Scarpelli, équitable, dit qu'on ne peut pas dire, qu'il faut d'abord le voir.

Mais lui-même, ira-t-il le voir vraiment?

« Ah, ça... » sourit-il, malicieux, d'un air qui nous rappelle irrésistiblement un de ses personnages inimitables des années de plumes.

NOTRE AGENT SUR DENEB

Dans la soixante-huitième de ses *Lettres à une princesse,* le grand mathématicien Euler expliquait la gravitation sur la base d'une envie ou « convoitise » *(Begierde)* particulière de la matière. Plus d'un siècle auparavant, Kepler avait insinué, dans son *Astronomia nova* que les planètes, pour suivre aussi infailliblement leur orbite, devaient posséder quelque lueur d'entendement. Et Bacon de Verulam, comme notre Campanella, attribuait à tous les corps une sensibilité primitive, d'élémentaires facultés de perception. D'après nous cette forme d'intelligence primordiale *(ursprünglich)* caractérise également Italo Calvino, le déconcertant auteur et – sous le nom de Qfwfq – protagoniste des *Cosmicomics.*

Nous commençâmes à en avoir l'obscur soupçon un après-midi, voilà vingt-cinq ou trente ans, quand nous travaillions tous chez Einaudi. Lui, qui avait une auto depuis peu et se vantait d'être un conducteur extrêmement consciencieux, était sorti faire un tour. Il s'en revint consterné et avec des contusions multiples, mais inébranlable dans son refus d'accepter tout secours avant de nous avoir expliqué par le menu, avec son goût maniaque des détails, comment les choses s'étaient passées.

En revenant vers le bureau, raconta-t-il, il s'était

engagé dans un sens giratoire ample et bondé qu'il allait devoir quitter à l'un des derniers croisements.

– Aussi, je mets ma petite flèche, dit-il (en tentant comme il le fait toujours de minimiser verbalement l'épisode), je regarde dans le rétroviseur et je commence à me déporter progressivement vers la droite...

Si ce n'est qu'arrivé à son embranchement, mais ne se trouvant pas sur une orbite suffisamment extérieure, il jugea plus prudent de continuer et de refaire le tour complet. Au terme de sa révolution il se trouvait enfin en position optimale pour tourner.

– Je remets donc ma petite flèche, dit-il, je regarde attentivement dans le rétroviseur et... Bang! Crash!

Or, bien qu'il soit un observateur infatigable du cosmos, Calvino n'a rien de ce philosophe grec tourné en dérision par une lavandière, qui, marchant la tête en l'air pour étudier les étoiles, tomba gauchement dans un puits. C'est plutôt un distrait par excès d'attention : au sens où, par exemple (comme c'est le cas dans *L'Implosion*, le dernier de ses *Cosmicomics vieux et nouveaux* qui viennent de paraître chez Garzanti[1]) s'il se promène dans la Galaxie en prenant garde aux trous noirs, il commencera automatiquement à réfléchir, et tellement profondément, à ces trous, à leur vraie nature, au danger éventuel qu'ils représentent, que, s'il y en a un dans un rayon d'un millier d'années-lumière, il ne manquera pas d'y tomber (et ira ensuite raconter qu'il l'a fait exprès, « pour voir comment c'était »).

Sur le coup, donc, son accident d'auto nous parut normal. Mais ce sens giratoire suivi aussi

1. C'était en 1984. Calvino devait mourir l'année suivante. *(N.d.T.)*

obstinément, cette opiniâtreté à graviter comme une planète ou, mieux encore, un électron, avec ses « sauts » orbitaux caractéristiques et l'ionisation finale « par collision », nous laissèrent l'étrange impression d'un être fort éloigné de nous sur l'échelle de l'évolution; ou plutôt, étant donné les affinités électives et les désaccords cosmiques qui nous lient à lui par ailleurs, d'un être qui descend et monte sans arrêt cette échelle, mais avec une préférence marquée pour les échelons et les rampes initiales; des premières particules subatomiques aux premiers atomes d'hydrogène et d'hélium, aux nuages de gaz d'où naquirent ensuite les galaxies et, une fois notre système solaire en place, aux premières formes de vie sur Terre.

Nos soupçons ainsi éveillés, nous pûmes saisir au fur et à mesure le véritable sens de ses autres aventures ou sentences mémorables, comme celle de la cuillère. A l'une des réunions du comité de lecture du mercredi, on discutait d'une certaine autobiographie sexuellement très osée, du moins pour l'époque, mais qu'il jugea (comme c'était du reste le cas) d'une désolante pauvreté de vues érotiques.

« Jamais ces gens-là ne te racontent quelque chose d'un peu différent, s'emporta-t-il, comme, je ne sais pas, moi, les amours d'un homme et d'une cuillère. »

Tout le monde prit cela pour un mot d'esprit. Mais nous comprîmes que par « amours », avec sa mentalité primitive, il entendait précisément cette convoitise qui unit tous les corps d'après Euler, et que, plus tard, il allait lui-même autobiographiquement évoquer dans ses *Cosmicomics*.

Dans l'un d'eux, *La Forme de l'espace*, ce singulier rapport érotique est décrit à l'intérieur des équations du champ de gravitation et se déroule entre trois molécules : Calvino lui-même (sous le nom de Qfwfq); une de ses habituelles amourettes inorganiques (Ursula H'x) et un rival de champ en la personne du lieutenant Fenimore.

Dans un autre, *Le Rien et le peu*, le béguin est, pour le coup, entre lui à peine sorti du néant, comme lepton ou méson, et une autre particule, une certaine Ngukta, au nombre quantique indéterminé mais qui, dit-il, « me sembla douée de charges propulsives complémentaires aux miennes. »

A l'époque de la cuillère, les *Cosmicomics* n'étaient même pas en gestation. Désormais, cependant, le futur Qfwfq était pour nous un livre ouvert, et nous ne fûmes pas surpris que, vers 1963, il vînt nous parler d'un de ses oncles, encore aquatique, qui, environ trois cents ou trois cent cinquante millions d'années auparavant, lui avait ravi sa fiancée, bien que lui-même fût déjà amphibie sinon carrément reptilien. D'ailleurs, pensâmes-nous en revenant aux souvenirs d'école, l'ontogenèse est la récapitulation de la philogenèse : chacun de nous, durant son propre développement embryonnaire, refait les étapes du processus évolutif. Cet oncle poisson (ainsi qu'une proto-mammifère avec laquelle – nous rapporta-t-il avec quelque vanité – il eut ensuite une liaison quant il était encore dinosaure), Calvino avait pu aisément le déduire de souvenirs de sa vie intra-utérine.

D'autre part, c'était un ami et tout ce qu'on veut, mais comme romancier il était à bout de souffle; sa veine tant exaltée de « feu follet de la littérature italienne », plein de brio et d'inventions fantasques, était épuisée; lui-même, d'ailleurs, en avait probablement plein le dos de cette réputation. Rien donc de plus naturel qu'il se résigne, comme beaucoup, à fouiller dans ses souvenirs pour remédier au manque d'imagination et de fantaisie.

« Alors, alors, commençâmes-nous à l'asticoter, comment t'es-tu établi dans le système solaire? Etais-tu déjà micro-organisme ou quoi d'autre? »

Et lui, aussitôt, de nous raconter la fois où, d'une nébuleuse, avec toute sa famille (« papa, maman, grand-mère B'bb, des oncles qui étaient venus en visite, monsieur Hnw, qui ensuite devint un cheval, et nous autres encore petits »), il emménagea dans notre système qui était alors justement en voie de mise en place. Ou bien la fois où, avec son grand-père Eggg et son autre grand-mère Ggge, ils allèrent rendre visite à une grand-tante qui était restée sur Sirius.

La vivacité de la narration rachetait son caractère autobiographique, et la candeur, l'infantilisme même de ces souvenirs, les rendait scientifiquement précieux. Sur des questions de biochimie, de cosmologie, nous l'interrogions comme une équipe d'ethnologues l'aurait fait avec un aborigène des îles Tonga; que peux-tu nous dire sur les Nuages de Magellan? Que sais-tu sur les rapports interpersonnels entre mollusques? Es-tu déjà allé sur Deneb? Quelle que soit la chose qui nous intéressait, il était « notre agent sur Deneb » pour nous fournir des informations de première main.

Il n'y avait que sur le Big Bang qu'il était impossible de lui tirer une seule syllabe. Il esquivait, niait que l'univers ait eu un début, s'accrochait au modèle stationnaire imaginé par Bondi, Gold et Hoyle, d'après lequel l'expansion et l'entropie seraient compensées par la création continue de nouveaux atomes d'hydrogène.

« Qu'est-ce que c'est que cette histoire d'univers stationnaire? ne nous raconte pas de bêtises », lui rétorquions-nous en lui exposant les raisons pour lesquelles cet univers absurde sans queue ni tête devait être relégué parmi les vieilleries de la cosmologie.

Rien ne l'ébranlait.

« Eh! eh! » ricanait-il sottement à son habitude, sans même tenter de nous opposer quelque argument logico-mathématique, une quelconque équation plausible, fût-ce de loin.

A la fin, il nous dit que la création continue, sur laquelle se fondait le modèle de Bondi, était indubitable parce que, lorsqu'ils étaient enfants, un de ses amis et lui allaient dans les endroits où les nouveaux atomes naissaient du néant; ils les recueillaient pour jouer aux billes.

Sauf que précisément, à ce moment-là, quand les *Cosmicomics* de la première série étaient sous presse, survint la « radiation de fond » de l'univers et la théorie stationnaire alla définitivement se faire voir ailleurs : le Big Bang avait eu lieu, l'univers était pour le moins oscillant; c'était prouvé au-delà de quelque doute que ce soit.

« Pourtant c'étaient des atomes neufs, je ne peux pas m'être trompé, l'entendîmes-nous maugréer. Entre un atome neuf et un atome usagé, il y a une sacrée différence! »

Quoi qu'il en soit, il se mit aussitôt au travail et jeta sur le papier ses souvenirs du Big Bang, *Tous au même point*, qu'il ajouta au volume. Où, lorsqu'il parut, nous eûmes également la surprise de trouver ces *Jeux sans fin* avec les nouveaux atomes, que pourtant (croyions-nous) il avait inventés de fond en comble par parti pris stationnaire. Il n'en était rien, et aujourd'hui nous pouvons sourire avec indulgence en lisant sur le rabat de *Cosmicomics vieux et nouveaux*, que, « dépourvu de parti pris, Calvino avalise tour à tour les hypothèses les plus contradictoires ».

En réalité, ces atomes nouveaux, il les avait vraiment trouvés. Seulement, dans son ingénuité, il ne comprit pas ou ne voulut pas comprendre qu'ils n'avaient rien à voir avec le modèle de Bondi. Ils étaient l'effet de fluctuations quantiques, ainsi que le suggèrent des théories récentes, ou, plus probablement de « transactions quantiques acausales ». De toute façon, une chose est l'interprétation des faits, autre chose les faits eux-mêmes. Et pour les faits, nous continuerons à nous fier à « notre agent sur Deneb ». Nous nous plaisons même à imaginer que, dans le lointain futur, quand l'entropie aura effacé presque entièrement l'univers des livres, ses mémoires cosmiques seront encore déchiffrables, lisibles, avec le même profit, le même fol amusement qu'aujourd'hui.

DIOGÈNE EN ITALIE

Sous la voûte bourdonnante de la gare centrale de Milan nous avons enfin, au début de cet été, rencontré pendant quelques minutes Guido Ceronetti, turinois émigré et anachorète, avec lequel nous échangeons depuis des années des billets sporadiques de solidarité. Un ami commun l'attendait à l'arrivée du train (de Turin) d'où nous venions également de descendre, et nous demeurâmes pour le connaître. Du fleuve d'humanité indistincte émergea, peu de temps après, une incontestable silhouette de voyageur, promeneur, pèlerin, immergé dans une sorte de cache-poussière – houppelande, besace en bandoulière, béret sur la tête, et longs cheveux vaguement dantesques entourant un visage très effilé, très sensible, légèrement et ironiquement circonspect.

Son *Voyage en Italie* (Einaudi), n'était pas encore sorti, mais maintenant que nous l'avons lu avec, dans les yeux, cet instantané de l'auteur (ou mieux, protagoniste) cueilli, pour ainsi dire, en costume et en action, nous nous demandons comment Ceronetti se déplaça vraiment ce jour-là de Turin à Milan. Agrippé, c'est à croire, aux tampons d'un wagon, ou accroupi parmi les colis du fourgon à bagages, ou peut-être enfermé dans la cabine de la motrice, à discuter avec le machiniste d'herbes et de tisanes. Et quoi qu'il en soit, nous sommes certains qu'il ne vit pas, durant le parcours, ce que nous vîmes nous, usagers passifs, banals, mais qu'il sauva de ce plat horizon un vieux mûrier solitaire, qu'il enchâssa dans une précieuse citation le chien d'une cour de ferme, qu'il fut frappé à mort par la laideur d'une usine et ressuscité par l'apparition d'une petite fille à la fenêtre d'une maison.

Quelque chose de clandestin, d'abusif, circule avec lui dans la péninsule qu'il décrit, du Frioul à Naples, du lac de Côme à Catane, devant des tableaux, des sculptures, des façades célèbres, aussi bien que dans les banlieues les plus désespérantes, dans les villages les plus oubliés. Sans doute cette impression dépend pour bonne part du fait que Ceronetti dédaigne, ou plutôt ignore, l'usage de l'automobile. Dans ses pérégrinations, il n'y a ni pleins de super, ni pneus crevés, ni problèmes d'embrayage, mais longues attentes de cars et de correspondances, gares minuscules parmi les grillons, marches sous la pluie, fossés, haies, murettes, hameaux où le vagabond s'arrête pour demander un verre d'eau, un œuf.

Une telle condition de piéton produit automatiquement péripéties et soupçons. Qui est cet homme qui ose s'aventurer dans le règne bruyant des moteurs sur ses semelles blasphématoires? Un espion? Un voleur? Un pyromane? Un porteur de peste? Au bas mot, c'est un trouble-fête anachronique, quelqu'un qui crache dans la bonne soupe de la vie moderne. Poète! poète! lui crie-t-on d'une voiture lancée à pleine vitesse; mais d'autres fois on est moins gentil avec lui; on le retient prisonnier dans le cimetière de Cuneo, on le chasse du casino de San Remo, on lui demande ses papiers, on le couvre de quolibets comme Jean-Jacques.

L'alimentation de ce végétarien errant n'est pas

faite, d'ailleurs, pour lui attirer les sympathies des aubergistes : broccolis, pois chiches, soupes, rigottes, miel, figues sèches, infusions diverses, sont une insulte au menu touristique, un dangereux geste de subversion. Et si tout le monde faisait comme lui ? frémit la patronne en jetant devant lui ces maigres commandes.

Hostilité, dégoût, répugnance sont bien payés de retour par ce *voyeur* aux nerfs écorchés. « Dans le train, je change de wagon car il y a des gens qui me donnent la nausée... » confesse-t-il. Ou bien : « Journée sans contact avec des êtres humains. Mais ces gens, dans les rues, est-ce quelque chose d'humain ? Ils ont tous la tristesse du papier recyclé » (à Florence). « Vingt ou trente Brésiliens, noyés dans leur étroitesse, dansent et chantent dans leur abominable idiome devant la gare. Beaucoup de pieds, aucun sans odeur. Un horrible borgne, avec un bâton, me fixe, certainement pour me faire le mauvais œil. Je lui fais la figue, mentale et visible » (à Venise). « A Taormina, on ne peut être que désespéré. Le maléfique sortilège touristique y efface tout rapport avec la réalité : dans le tourisme, n'existent ni la vie ni la mort, ni le bonheur ni la douleur; il n'y a que le tourisme, qui n'est pas présence de quelque chose, mais privation, contre paiement, de tout. »

La marche de ce pèlerin solitaire (« Et si j'étais le *dernier* voyageur littéraire en Italie ? ») est donc toujours pénible, à contre-courant; plus qu'un voyage c'est une *via crucis* dont les stations (encore heureux !) stimulent le génie de Ceronetti pour l'invective incandescente, le coup de patte sarcastique, l'énormité provocatrice. Comment ne pas lui savoir gré quand, le samedi soir, dans les cabines téléphoniques, il voit, semblables au comte Ugolin dans l'Enfer dantesque, les avides parleurs en train de « dévorer le combiné comme un crâne ». Ou quand il observe, apocalyptique : « Une certaine odeur de brûlé, c'est normal, dans un crématoire. » Ou quand il note triomphalement : « Hier, entre Piacenza et la route du Pô, un petit tas de crottin frais de cheval, sur l'asphalte ! Une apparition... Il n'y avait pas de voitures, où était le cheval ? Le crottin avait-il été amené et mis là par les anges, en souvenir de la vraie vie ? »

La « vraie vie » que Ceronetti évoque avec amour, qu'il cherche et trouve parfois à travers l'Italie, a un profil tendant vers le médiéval : antiques et rares métiers qui ont survécu à la technique, dalles funéraires, hôpitaux et ex-asiles d'aliénés, ossuaires, prisons, bonnes sœurs, exorcistes, romanichels, fous, potagers, masures, petites routes, quelques foires de village avec *ballo liscio*[1], quelques processions. Un monde de privations et de peine, d'humbles héros courbés par les sacrifices, résignés à des cycles de vie toujours identiques, lui paraît préférable à la malédiction rectiligne de l'Histoire, à la névrose du Progrès. Il s'enthousiasme pour la Petite Maison de la Divine Providence, aspire à se vouer aux malades, aux vieux, aux souffrants (seul celui qui souffre peut échapper au délire général d'inauthenticité), il est même tenté de se retirer ascétiquement dans quelque ermitage (mais, aussitôt, le doute : « Où trouver un couvent *silencieux*, sans télévision ? »).

L'objection à cette optique passionnément négative est qu'il s'agit d'une exagération et d'un parti pris; que les conquêtes sociales, la croissance de la production et de la consommation, la diffusion du bien-être, en somme la « modernisation » de l'Italie, valent bien, etc.

1. On appelle ainsi en Italie les danses d'avant-guerre et jusqu'aux années 50, avant le rock. *(N.d.T.)*

L'objection à cette objection est que Ceronetti *doit* exagérer, parce qu'il crie dans le désert et que sa voix, de toute façon, ne sera pas entendue par ceux-mêmes qui s'élèvent contre tel ou tel des mille défauts, des mille maux de notre pays. Le fait est que Ceronetti voit le Mal dans son ensemble, et le juge radical, irrémédiable, définitif. La catastrophe a déjà eu lieu et nous tous ne sommes plus que des survivants, conscients ou inconscients.

« Cette grande épave au vieux nom d'Italie est encore, par ses résidus de beauté, une aide non négligeable à l'endurance du monde », reconnaît notre lucide Apemantus national. Mais il précise : « Ce n'est pas pour tous, ce n'est que pour les nobles, pour divertir un peu leur peine, que j'écris ces pages. Les nobles de la douleur, de la pensée, de la maladie, de la *fragilité*... C'est pour eux que je suis allé ici et là à la recherche d'une Italie qui soit un signe et d'où s'élève un son humainement perceptible. »

Puis il s'achète une rose, un chrysanthème, et remonté dans sa chambre d'hôtel les met dans un verre, les contemple pendant qu'il fait cuire ses broccolis et mange ses trois figues.

CIORAN ET LE PIRE

« Les obsédés du pire, on leur en veut, même au moment où l'on reconnaît la justesse de leurs appréhensions et de leurs avertissements. On est beaucoup plus indulgent pour celui qui s'est trompé, parce qu'on croit que son aveuglement était le fruit de l'enthousiasme et de la générosité, tandis que l'autre, prisonnier de sa lucidité, ne serait qu'un lâche, incapable d'assumer le risque d'une illusion. »

A qui s'applique une maxime comme celle-ci? Peut-être au grognon qui réfute une invitation à dîner parce qu'il prévoit qu'il va s'ennuyer mortellement? A l'anxieux qui s'abstient de la sortie dominicale par crainte de la pluie, de la circulation, des voleurs? Ou bien s'agit-il d'un « pire » moins léger, de celui de l'homme qui, par exemple, renonce au mariage parce qu'il en redoute les liens multiples, l'inéluctable spirale de frictions et d'usure; ou de celui qui évite de mettre au monde des enfants, cause certaine de tourments, d'inquiétudes et de responsabilités? Ou encore de celui qui, en assistant d'une fenêtre à la prise de la Bastille, se figurait déjà la Terreur, la guillotine et vingt ans de guerres napoléoniennes; de celui qui, en lisant *le Capital*, distinguait déjà sous la barbe humanitaire de Marx les moustaches homicides de Staline ?

Chacun de nous connaît des gens comme ça; chacun de nous est en partie comme ça. Mais l'auteur de la maxime a raison : nous sommes hostiles au sentiment du pire dans toutes ses gradations. Nous le combattons en nous et hors de nous. Nous cherchons à le discréditer, à le rendre ridicule, à l'exorciser, pour la simple raison que notre civilisation, des petites jusqu'aux grandes choses, repose entièrement sur la foi dans « le mieux ». La couche qui adhère le mieux au petit derrière. Le pneumatique qui mord le mieux l'asphalte. La grande découverte qui nous guérira du cancer. La grande réforme qui nous tirera de l'indigence. La grande révolution qui nous rendra tous égaux et heureux.

La véritable, écrasante, capillaire hégémonie culturelle sous laquelle nous vivons depuis longtemps, n'est pas marxiste, ni bourgeoise : c'est l'hégémonie de l'optimisme, parfois prudent et raisonnable, parfois éclatant, euphorique, parfois scientifique, religieux, sexuel, parfois consommateur, libertaire, autoritaire. La ménagère qui achète une nouvelle lessive y succombe, tout comme le terroriste qui tue un magistrat; l'ingénieur nucléaire tout comme l'écologiste en colère.

En apparence différents, voire incompatibles, ces personnages ont en réalité en commun une même réaction de rejet envers quiconque puisse les faire douter de leur rôle. Malheur à qui allume les lumières du théâtre au beau milieu de la pièce, révélant ainsi, pour un instant, le carton bouilli et les perruques, les barques sur roulettes et les fenêtres sur le néant. Les duellistes cessent de se battre et se retournent contre le trouble-fête, le pleurnichard, le bilieux, l'oiseau de mauvais augure. S'il s'agit d'un poète, d'un philosophe, d'un penseur, on le liquidera promptement comme névrosé, maniaco-dépressif, égoïste, réactionnaire, défaitiste, asocial.

C'est un ostracisme prophylactique et désormais inconscient. Si vraiment on ne peut éviter de mettre Leopardi dans le manuel, on édifie autour de lui une solide barrière de fil de fer barbelé : il était bossu, de santé fragile, mal aimé des femmes, sa mère était un tyran, il avait trop étudié quand il était petit. Pendant qu'il restait là, à engloutir tristement ses sorbets (une manie, un vice), d'autres (heureusement!) pensaient à l'unité de l'Italie, au développement du commerce international, à la locomotive. Chers enfants, admirez ses poésies, mais ne vous laissez pas impressionner par sa vision de la vie, c'était un infortuné, un malheureux, un « cas particulier » digne de compassion.

A la liste, qui n'est pas longue, de ces redoutables « cas particuliers » à mettre en quarantaine, vient maintenant s'ajouter un nom que les lecteurs de *La Stampa* connaissent déjà à travers un portrait-interview que Guido Ceronetti lui consacra l'année dernière. Il s'agit d'E. M. Cioran, septuagénaire roumain qui vit à Paris et écrit en français, dont le même Ceronetti présente le premier livre traduit en Italie (*Ecartèlement*, éditions Adelphi). C'est un recueil d'aphorismes, pensées, considérations sur la vie, sur l'histoire, annotations autobiographiques, anathèmes flamboyants, frémissements et effusions individuels, qui, par leur forme impeccable, polie, font aussitôt penser aux grands moralistes français et à Marc Aurèle, dont Cioran est d'ailleurs un admirateur déclaré. Si ce n'est que derrière Cioran il n'y a pas une société bien structurée, une religion, une culture sûre d'elle-même, une cour avec ses règles, ses traditions, sa force; c'est un exilé, un déraciné, un solitaire qui a magistralement appris à se servir d'une langue qui n'est pas la sienne, de la langue la plus élégante et stylée de l'Occident, pour clamer des énormités dans le désert.

« Dès que l'on sort dans la rue, à la vue des gens, extermination est le premier mot qui vient à l'esprit. »

« Tous ces passants font penser à des gorilles veules et fatigués, et qui en auraient assez d'imiter l'homme. »

« La preuve que l'homme exècre l'homme? Il suffit de se trouver au milieu d'une foule pour se sentir aussitôt solidaire de toutes les planètes mortes. »

Ce sont des mots que nous ne voulons pas entendre, ce sont les vrais tabous de notre époque. Qui est cet excentrique, cette espèce de fou qui se prend pour Diogène dans son tonneau? Comment peut-il espérer vendre des propositions de l'école cynique dans notre XXe siècle aux lumières de plus en plus répandues?

Mais Cioran insiste, fort, précisément, de son anachronisme, de sa condition de prédicateur qu'*a priori* personne n'écoute, que submergent, dès le début, voix, clameurs, fanfares, sermons, ferraillements de bien autre portée.

« Quiconque parle le langage de l'utopie m'est plus étranger qu'un reptile d'une autre ère. »

« Heureux tous ceux qui, nés avant la Science, avaient le privilège de mourir dès leur première maladie. »

« L'espoir est la forme *normale* du délire. »

« Les vagues se mettraient-elles à réfléchir, elles croiraient qu'elles avancent, qu'elles ont un but, qu'elles progressent, qu'elles travaillent pour le bien de la Mer, et elles ne manqueraient pas d'élaborer une philosophie aussi niaise que leur zèle. »

Ce n'est pas que des idées semblables ne circulent parmi nous, du moins depuis quelques années. Le désastre de l'Histoire, l'écroulement des idéologies, la crise de la science, la folie du développement à tout prix, tous ces problèmes rebondissent quotidiennement des journaux aux écrans de télévision. Mais toujours entre des parenthèses responsables, des guillemets atténuants, consolateurs, dans le cadre de, en vue de, sur le plan du, au niveau de la.

Cioran ne respecte pas les règles du jeu, il refuse le débat courtois, la table ronde réfléchie, le menton reposant gravement sur la main. C'est un extrémiste authentique, un « exagérateur » total, un véritable écorché vif. L'argument usuel contre ces très rares « écarteleurs » est : mais toi, en échange, que nous proposes-tu ? C'est un argument captieux, étant donné que le chemin d'un Cioran ne peut être parcouru que par lui-même; les grands troupeaux suivront toujours des bergers plus enthousiastes, poursuivront toujours des mirages plus généreux, jusqu'à l'abîme du pire. Ils sont les premiers à en souffrir, mais ils ne peuvent rien faire d'autre que d'en signaler la proximité vertigineuse en faisant tournoyer leur brillant fleuret français, qui, sous une certaine lumière, sous un certain angle, étincelle comme l'immense épée de l'Ecclésiaste.

COMMON DECENCY

CE fut par « commune décence », comme il le précise lui-même, que George Orwell se trouva à Barcelone en décembre 1936, quelques mois après le début de la guerre civile espagnole. L'expression *common decency*, qui revient très souvent dans ses lettres et dans ses articles et essais, nous révèle bien des choses sur lui : typiquement anglaise, volontairement anti-rhétorique, c'est une réduction à l'échelle quotidienne de principes marmoréens, d'impératifs équestres; mais précisément parce qu'elle est là, à portée de main, elle n'admet ni excuses ni échappatoires, son appel modeste ne peut être ignoré.

Ici la formule sous-entend qu'il y avait dans ce conflit tous les éléments politiques et émotifs pour qu'un écrivain comme Orwell se décide à y participer : c'était la première occasion pour agir contre le totalitarisme fasciste et sa montée irrésistible en Europe; c'était un combat entre les forces classiques de la réaction – armée, clergé, propriétaires fonciers – et les non moins classiques multitudes paysannes et ouvrières, opprimées et exploitées, dont l'intelligentsia de gauche discourait avec faconde depuis des années. Orwell – trente-trois ans, marié, ni célèbre ni riche – s'engagea et partit.

Il fit étape à Paris et passa voir Henry Miller qu'il admirait et estimait. Miller tenta de le dissuader : toutes les guerres étaient absurdes, toutes les causes insensées, un écrivain devait s'en tenir éloigné, il n'avait d'obligations que par rapport à son propre travail. Orwell, qui pourtant nourrissait des sympathies pour le pacifisme libertaire, ne se laissa pas ébranler; il accepta, en cadeau, une veste de futaine (Miller dit ensuite qu'il la lui aurait offerte même si Orwell avait choisi le camp franquiste) et rejoignit enfin la capitale catalane.

Hommage à la Catalogne, le livre qui naquit de cette expérience, commence là. Dans la première page, il y a une sorte d'autoportrait involontaire. Cet ex-*etonian* très grand et très maigre, déjà marqué par la tuberculose, se présente à la caserne chaotique du POUM (Partido Obrero de Unificación Marxista, l'un des nombreux petits partis extrémistes nés dans ce climat révolutionnaire) pour s'enrôler dans la milice, et rencontre un autre volontaire, un jeune ouvrier italien aux cheveux roux qui provoque en lui une immédiate sympathie humaine et idéale. Ils se serrent la main, dépassant pour un instant le « golfe de langue et de tradition » qui les sépare, puis chacun va son chemin.

On dirait une scène rhétorique, pour tract de propagande, et, au contraire, c'est un nœud où convergent tous les fils de la vie de l'écrivain : les années à Eton, le collège le plus snob et le plus exclusif d'Angleterre (mais en des circonstances humiliantes, d'« élève méritant » à pension réduite) et sa sensibilité exacerbée « de classe », sa haine pour toute discrimination sociale, ses années dans la police birmane (Oxford et Cambridge coûtaient trop cher pour sa famille petite-bourgeoise), et la découverte de l'« indécence » colonialiste, impérialiste, raciste; le retour en Angleterre, la découverte des pauvres, des délaissés, des chômeurs, des « indécences » du capitalisme; l'adhésion non au communisme, comme pour bonne part des intellectuels de l'époque, mais à un socialisme humanitaire, populiste, un peu anarchiste et un peu sentimental, sans cartes ni dogmes, fondé, au bout du compte, sur l'accolade fraternelle, sur la chaude poignée de main entre « camarades ».

Mais après cette pathétique rencontre avec le « camarade » italien, Orwell remet les pieds sur terre : « Je savais cependant que pour conserver ma première impression de lui je ne devrais plus jamais le revoir; et de fait, cela va sans dire, je ne le revis plus jamais. »

Nous savons ainsi quel type de livre nous allons lire : son auteur a un cœur ingénu et généreux, mais il conserve dans sa poche la lame de la lucidité; le frémissement d'émotion, l'éventuelle glissade dans l'emphase n'annuleront pas ses capacités de détachement, d'ironie critique, et sa foi politique ne l'amènera jamais à la naïveté aveugle, au mensonge partisan.

Scrupuleusement autobiographique, *Hommage à la Catalogne* raconte la guerre civile espagnole telle que la vit le milicien Orwell sur le front aragonais, une zone relativement tranquille tenue par les troupes du POUM et des anarchistes. Une guerre de tranchées, avec assauts diurnes et nocturnes, incursions dans le *no man's land,* faim, soif, froid, chaleur, peur et poux. La prose est simple, on ne rencontre pas de « belles pages » à effet; mais, peu à peu, on se rend compte que chaque détail – fusil, olive, cigarette, buisson, godillot, explosion de grenade – est gravé avec une netteté mémorable, que chaque visage, personnage, épisode, sensation, confession, ont une authenticité absolue. Les livres des deux autres témoins célèbres de cette même guerre, Hemingway et Malraux, semblent, en comparaison, écrits par des chroniqueurs mondains.

Ce langage tellement transparent qu'on ne le voit pas, Orwell l'avait atteint par un effort acharné et avec une aspiration précise : amener la prose « engagée » au niveau de l'œuvre d'art. La clarté, la simplicité, l'intelligibilité lui paraissaient un devoir envers son public (qu'il postulait « de gauche ») et, pour y arriver, il fallait repousser l'« indécence » du cliché, de l'image rabâchée, de l'adjectif élimé, superflu, coquet, du tour de phrase obscur ou « élégant ». C'est cette sévère discipline, ce refus vigilant de la fioriture, qui donne une extraordinaire tension à l'écriture d'Orwell, un homme qui fraye son chemin dans l'épaisseur des morts pour mettre les mains sur le noyau de la vérité.

Quand on l'envoya en permission à Barcelone en mai 1937, il remarqua aussitôt que l'atmosphère de la ville avait profondément changé. Disparus la ferveur révolutionnaire, l'égalitarisme, le « tu » entre inconnus, on sentait partout le *don* et le *señor*, la puanteur du marché noir, des privilèges renouvelés, de l' « arrière » embourgeoisé, on discernait, dans les rues, l'indifférence, voire l'irritation, pour les bleus des ouvriers, les foulards rouges et noirs, les uniformes déchirés des combattants. Le nouveau gouvernement de coalition, dominé par les communistes, voyait avec soupçon l'anarchiste Catalogne, visait à éliminer les milices populaires nées spontanément quand la guerre avait éclaté, en les encadrant et en les dispersant dans les détachements de l'armée régulière.

Après des jours de tension, on commença à tirer de part et d'autre. Orwell, qui en avait assez du manque d'activité sur le front aragonais et voulait se faire transférer à Madrid dans les brigades internationales à gestion communiste, resta par

« commune décence » avec ses camarades du POUM, pour défendre ce qui restait de son socialisme de « base », passionnel et confus, dont il percevait impartialement les carences et les erreurs; il reconnaissait, avec un *fair-play* bien digne d'Eton, les raisons des communistes, mieux organisés, plus efficaces; mais le problème, pour lui, se résolvait à cette équation élémentaire et définitive : celui qui tire sur les travailleurs a, de toute façon, tort.

Le calme revenu, il s'en retourna, amer, sur le front; quelques jours après, il fut blessé par un tireur en embuscade (une balle lui transperça le cou, manquant la carotide de quelques millimètres) et il erra ensuite d'un hôpital militaire à l'autre pendant plusieurs semaines. Quand il réussit à remettre les pieds à Barcelone, il découvrit qu'il était un espion, un traître, un provocateur trotskiste à la solde de Franco; le POUM avait été mis hors-la-loi, arrestations en masse et « liquidations » sans procès avaient commencé. Les camarades d'Orwell étaient en prison ou dans le maquis, lui-même dut se cacher pendant des jours, jusqu'à ce qu'il pût rejoindre, avec de la chance, la frontière française.

La version communiste des événements de Barcelone était impudemment fausse, ignoblement calomnieuse; mais la presse « libérale », « bourgeoise » l'avait aussitôt acceptée et la répétait, la diffusait telle quelle. Les militants de rime et de salon, assidus aux thés des duchesses progressistes, le genre d'intellectuels « qui tendent à s'en aller ailleurs quand on appuie sur une gachette », tentèrent rageusement d'exercer un chantage sur Orwell : « Si tu dis la vérité, tu fais le jeu des fascistes et tu es donc, objectivement, un fasciste. »

Ce fut ainsi que le fasciste Orwell, de retour des

tranchées républicaines avec les cordes vocales lésées et les poumons en triste état, découvrit qu'outre la vérité simple existait la vérité « objective », celle du cochon Napoléon, dans la *Ferme des animaux,* et du Grand Frère. Parmi les deux, il ne pouvait que choisir la première, et par « commune décence » il écrivit *Hommage à la Catalogne,* dont descendent, indirectement, ses deux livres les plus célébrés.

L'Histoire fut cruelle avec ce libre chevalier de la gauche qui, avec la *Ferme des animaux* et *1984,* devint « objectivement » un champion du public réactionnaire et anti-communiste; aujourd'hui il subit, uniquement à cause de la date, une salve d'attentions et de vérifications en général éphémères et grossières. Notons parmi les cris de *science-fiction* qui ont salué l'anniversaire *Hommage à la Catalogne* est rarement cité, alors que, pour nous, ce livre à la beauté aride et tragique, à l'émotion pudique, d'une cohérence, d'une mesure, d'une honnêteté exemplaires, est indubitablement son chef-d'œuvre. Voilà ce que nous devions à George Orwell, par « *common decency* ».

ENCORE UNE FOIS

Encore une fois le prix Nobel de littérature n'a pas été attribué à Jorge Luis Borges, alors que beaucoup s'y attendaient; on l'a décerné à Gabriel García Márquez, également sud-américain, écrivain à la vaste notoriété et d'un niveau très convenable, que toutefois on ne saurait sérieusement comparer au poète aveugle de Buenos Aires.

Comment donc est-ce possible, se demandent les déçus, non sans quelque soupçon. Márquez a explicitement « le cœur à gauche », et il n'est pas impossible que, parmi les membres de la commission de Stockholm, une majorité de la même couleur l'ait emporté; ou bien Borges, avec ses désengagements sceptiques, son ironie aristocratique, a-t-il irrité ces dix-huit sages toujours si attentifs à encourager la paix, la liberté et autres belles choses; ou peut-être l'Argentin ne rentrait-il pas dans les alchimies géopolitiques absconses qui ont souvent déterminé, dans l'histoire du Nobel, le choix d'un nom plutôt qu'un autre. Mais une autre hypothèse, plus simple, plus banale, est possible.

Nous ne sommes pas racistes. Quand nous pensons à la Suède, aux Suédois (ce qui, pour quelque raison, nous arrive rarement), un témoin impartial pourrait constater que nos yeux s'illuminent de sympathie, de respect et même d'admiration. Nous n'avons jamais mis les pied dans ce froid pays, mais nous l'imaginons fort beau, entièrement recouvert de forêts, lacs et magies crépusculaires. Nous savons que tous ses habitants sont également très beaux : les hommes grands et vigoureux, les femmes resplendissantes de blonde santé, mais nous n'avons jamais songé à considérer de telles caractéristiques somatiques comme un signe d'infériorité mentale.

Les Suédois, nous disons-nous sans la moindre arrogance, sont différents de nous, voilà tout. Et nous n'ignorons pas leurs glorieuses origines guerrières, les épopées et les sagas des Vikings, pas plus que nous ne minimisons la contribution qu'ils ont apportée à la civilisation avec le sauna, la protection de la nature, l'assistance sociale, l'émancipation sexuelle et la pression fiscale sur les revenus de tous niveaux et de toutes provenances. Comme ça, sur-le-champ, nous sommes en mesure de citer une douzaine au moins d'hommes et de femmes illustres dont la Suède fut le pays natal : Linné, Greta Garbo, Gustave Adolphe, Strindberg, Charles XII, Swedenborg, Selma Lagerlöf, la reine Christine, Bergman Ingmar et Bergman Ingrid. Sans compter Alfred Nobel, naturellement.

Mais quant au prix Nobel de littérature, nous inclinons depuis longtemps à croire que son grand retentissement est lié uniquement à la grosse somme d'argent qu'il comporte. S'il ne disposait pas de ce joli petit tas de couronnes, craignons-nous, son jury n'aurait pas la moindre autorité. Les excellentes personnes qui le composent ne seraient même pas consultées pour l'attribution de la Saucisse d'argent quelque part dans les Abruzzes.

Qui sont-ils donc, ces jurés? De braves gens, sans aucun doute, des bourgeois honnêtes, payeurs exemplaires d'impôts et sauveteurs de petits oiseaux à la patte cassée. Il n'est pas difficile d'imaginer leurs réunions, leurs discussions, leurs promenades pensives parmi sapins et élans. Il n'est surtout pas difficile d'imaginer leurs goûts.

Il n'y a, d'après nous, aucune énigme derrière le boycott persistant de Borges, aucune intention occulte, aucune intrigue, aucun parti pris, aucune vengeance. C'est vraiment parce qu'il ne leur plaît pas, ne leur dit rien, ne leur fait ni chaud ni froid. C'est vraiment parce qu'ils ne le « comprennent » pas, de même qu'ils ne « comprirent » pas Valéry en son temps, de même qu'ils n'auraient pas compris, dans le passé, Mallarmé, Poe ou Baudelaire. C'est vraiment cette lignée littéraire qui les laisse indifférents, sourds, de glace. Serait-ce vraiment parce qu'ils sont suédois ?

LE CHIFFRE DE BORGES

La Cifra : dernières poésies (1981) de Borges, toujours plus exquisément en équilibre entre lucidité et rêverie, regret et ironie. Arabesques d'une perfection si fluide qu'elles semblent faciles, immédiates, tracées sur le sable avec le doigt occasionnel d'un enfant. Viennent à l'esprit les dernières choses de Picasso, de Braque, auxquels leur prodigieux « métier » permit d'atteindre des sommets de légèreté, d'amusement, de jeu, alors qu'ils étaient déjà des vieillards. Viennent à l'esprit certaines curieuses statistiques publiées voilà des années, d'où il résultait que la créativité est précoce et de brève durée chez les physiciens et les mathématiciens, qui ont leurs fulgurantes intuitions durant l'adolescence et la prime jeunesse, puis vivent glorieusement de rentes, pour ainsi dire. Les juristes et les économistes « durent » à peine plus, tandis que romanciers et philosophes mûrissent lentement et disposent de quinze à vingt ans avant de se dessécher ou de se répéter. Ce n'est que pour les musiciens, peintres et poètes que la veine créatrice (quand elle existe) serait pratiquement inépuisable. Ce n'est que pour ces heureux mortels que les muses font des efforts d'alertes visiteuses du « troisième âge », en soufflant sur leur génie jusqu'à la fin.

La traduction italienne du recueil, avec texte original en regard, est de Domenico Porzio, un militant borgesien passionné qui connaît bien le poète, lui a rendu visite à Buenos Aires, l'a escorté affectueusement ici et là en Italie voilà quelques années. Un après-midi, à Milan, il nous invita à l'accompagner à une « exposition du labyrinthe » qui se tenait quelque part et que le maître de tous les labyrinthes allait officiellement visiter. Mais nous finîmes par ne pas y aller, l'idée du poète aveugle promené de salle en salle, avec, à ses côtés, un conservateur déférent qui lui lirait les textes, lui expliquerait pancartes, reproductions, maquettes, nous déprimait. Nous refusâmes d'autres invitations à le rencontrer, venues d'autres amis qui nous décrivaient Borges comme un causeur enchanteur et généreux, une des très rares célébrités littéraires dont on ne puisse dire, après l'avoir connu personnellement : « Quelle désillusion ! » (« Je ne l'ai jamais entendu dire une bêtise », nous assura un de ceux qui le fréquentaient.)

Mais un culte est un culte, et nous craignions que notre (appelons-le ainsi) tempérament laïc ne souffre dans un salon bondé d'adorateurs bouche bée. Et puis, Borges, individualiste suprême, est aussi un suprême cartésien (« Je suis le seul homme sur la terre et peut-être n'y a-t-il ni terre ni homme / ... Je rêve la lune et je rêve mes yeux qui perçoivent la lune »). Personne n'a pris aussi peu de soin de sa propre identité, personne ne l'a tant de fois mise en doute, en vers et en prose, qu'il ne l'a fait. Pourquoi vouloir connaître un homme qui ne croit pas jusqu'au bout à sa propre existence, à un *desaparecido* de sa propre main qui a écrit des livres imaginaires ? Ignorer son existence physique est le moins qu'on puisse faire pour lui rendre hommage.

Enfin, il est licite de soupçonner que dans notre dédain (dont nous nous repentirons avec le temps, c'est évident) ne survivent quelque snobisme juvénile de « découvreurs » et la crainte romantique d'abîmer d'une façon ou de l'autre le miracle de la première lecture de *Fictions* dans son édition argentine, il y a trente-cinq ans.

Sous la domination du brechtisme et du sartrisme, ce « poète mineur de l'hémisphère australe », comme il se définit, resta longtemps un nom initiatique, élitiste. Aujourd'hui, la réputation le pousse tragiquement vers les salons à la mode « *Connaître les illustres incertitudes que sont la métaphysique. / Avoir rendu honneur aux épées et raisonnablement aimer la paix. / Ne pas être avide d'îles. / Ne pas être sorti de ma bibliothèque. / Avoir ourdi quelque hendécasyllabe. / Avoir éludé les corruptions. / ...Etre dévot de Conrad. / Etre cette chose que personne ne peut définir : argentin. / Etre aveugle. / Aucune de ces choses n'est rare, mais leur union me procure une réputation que je n'arrive pas à comprendre.* »

Que peut bien vouloir dire *Ne pas être avide d'îles*? Peut-être une allusion aux Malouines? Les poésies ne sont pas datées une par une, et les peu nombreuses notes de l'auteur contiennent des délices de ce genre : « La philosophie et la théologie sont, je le soupçonne, deux genres de la littérature fantastique »; mais évitent toute allusion à l'actualité.

Pendant la guerre des Falkland, des journalistes de tous pays, de toute dénomination, cherchèrent à arracher à Borges déclarations et *pronunciamentos*, espérèrent le compromettre, coincer cet octogénaire dolent, détaché et imprenable. Nous l'imaginions dans sa bibliothèque, aux prises avec des questions d'une banalité grossière. Lui, qui pendant toute sa vie a chanté Buenos Aires, « cette mauvaise habitude », mais a dédié à l'Angleterre une poésie qui se termine ainsi : « *Nous sommes ici tous deux, île secrète. / Personne ne nous écoute. / Entre les deux crépuscules, nous diviserons en silence des choses aimées.* »

Penché sur un abîme cybernétique, sur une vertigineuse poubelle, Borges a exprimé comme peu l'ont fait le sentiment de la complexité morcelée du monde. Ses symboles, auxquels il revient toujours, sont le miroir (deux miroirs qui se font face), le labyrinthe, les ombres, les encyclopédies, le fleuve, la spirale du temps : « *Nous sommes le fleuve que tu invoquas, Héraclite. / Nous sommes le temps.* » A un homme semblable qui se résume en cinq substantifs : « *Echos, ressac, sable, lichens, songes. / Je ne suis rien d'autre que ces images, / que le hasard mêle et que nomme l'ennui* »; à un poète qui a su faire vibrer d'infinie émotion lyrique l'ambigu, l'allusif, le nuancé, le multiple, c'est pure idiotie de demander une « prise de position nette » sur quoi que ce soit.

Pendant l'assaut de Paris, en 1870, Victor Hugo céda ses droits d'auteur à l'arsenal de la ville, pour fabriquer des bouches à feu; et depuis les bastions, pour la première, peut-être, et certainement pour la dernière fois dans l'histoire de la littérature, des canons à la culasse gravée du nom du poète tirèrent sur l'ennemi. Mais Borges n'est pas Hugo, autres sont ses ennemis, autres ses canons : « *Celui qui regarde un sablier voit la dissolution d'un empire. / Celui qui joue avec un poignard prévoit la mort de César. / Celui qui dort est tous les hommes. / Dans le désert je vis le jeune sphynx à peine sculpté. / Il n'y a rien d'antique sous le soleil. / Tout advient pour la première fois, mais de façon éternelle. / Celui qui lit mes paroles les invente.* »

Assiégé par l'univers entier, encerclé par des troupes innombrables et changeantes, le vieil artilleur continue à se défendre avec ses coups de canon en sourdine, insinués entre deux virgules, un adjectif, une citation, un paradoxe, un sourire.

L'ÉCRIVAIN DANS LA MAISON

Le président français Mitterrand a inauguré, voilà quelques jours, au 53 de la rue de Verneuil, un nouvel office ou institut d'Etat qui sera opérant en 1986 et qui s'appellera *La Maison des écrivains*. Ses buts, à ce qu'il semble, seraient non seulement innocents mais hautement méritoires.

Dans sa *Maison*, qui sera, on peut le prévoir, aussi accueillante, feutrée, élégante, du moins au début, qu'un salon de dentiste de luxe, l'*écrivain* ne trouvera en effet, à Dieu ne plaise, ni censeurs menaçants ni fonctionnaires mielleux visant à conditionner son inspiration ou à limiter sa liberté, mais principalement des techniciens, des experts aptes à lui fournir de précieux conseils pour ses rapports avec les éditeurs et les médias, avec le fisc, le système de sécurité sociale et de retraite, etc.

Nous sommes donc fort loin de l'épouvantable « Union des écrivains » à l'œuvre en URSS, et par ailleurs, il est exact que les temps ne permettent plus a l'écrivain de rester dédaigneusement, romantiquement, à l'écart de cette immense machine bureaucratique qu'est devenue la société moderne. Cette espèce d'expertise gratuite, ce service d'agence littéraire fourni par l'Etat semble bien avoir une raison d'être.

Pourtant, lorsqu'on essaie d'imaginer concrètement les choses, on n'est pas entièrement convaincu. Voici la haute et sèche silhouette de Samuel Beckett qui débouche rue de Verneuil, franchit le portail de la *Maison*, entre dans le hall (ding, dong) où une souriante *receptionist* le prie de passer dans la salle d'attente, parmi des visages sombres ou belliqueux de « collègues ». Epars sur les tables basses, bulletins catégoriels, dépliants pour des vacances culturelles, numéros d'*Elle* ou des *Temps modernes* vieux de deux ans. Enfin, c'est son tour : « Eh bien, où en est le dossier pour le crédit personnalisé ? Et l'exemption de trois pour cent ? Et la mensualisation de l'impôt spécial sur Godot ? Et mon rappel d'ancienneté ? Et l'allocation complémentaire pour pages blanches ? »

Une scène sordide, inconcevable, pire, en un certain sens, qu'une persécution à la Soljénitsyne.

On objectera que Beckett et les rares autres de son rang n'auront pas besoin de la *Maison*, créée pour les nombreux écrivains indigents, jeunes, obscurs, marginaux, ratés, oubliés. Mais on sait désormais où portent ces bonnes ententions : organisée et aguerrie autour de sa *Maison*, la multitude famélique (qui d'ailleurs, et pas seulement en France, écrit déjà comme des bureaucrates) grignotera un espace croissant à force de petites lois, de petits décrets, de tarifs, formulaires, avancements, fonds de prévoyance, subventions, indemnités de stylo-bille ou de clavier; et on se dirige peu à peu vers le tableau de l'ordre, les listes d'attente, les retenues, les caisses de solidarité, les listes des « bons » et des « mauvais », les exclusions et les proscriptions ouvertes ou rampantes, et ainsi de suite.

Non, nous ne sommes pas vraiment convaincus par cette idée de la *Maison*. Dans le meilleur des cas, elle produira la énième, vaste corporation de parasites, et ce sera en définitive à Beckett de payer pour leur entretien jusqu'à la fin de sa vie. Et quand il ne sera plus là, il est peu probable que dans ces couloirs, dans ces bureaux (ding, dong), il en naisse un autre comme lui.

LE SECRET DE BECKETT

A CETTE époque, la France semblait au bord de la guerre civile et Paris comptait chaque jour ses attentats au plastic, ses morts, ses blessés. La prison de la Santé était pleine de terroristes et de guérilleros algériens, d'intellectuels français qui sympathisaient avec leur cause. Et, vers le soir, les appels et les chants des prisonniers entraient, à travers les fenêtres ouvertes, dans le petit et très ordonné appartement de Samuel Beckett.

Mais tandis que Kant, dans une situation domiciliaire analogue, mobilisa la bureaucratie prussienne pour faire taire les hôtes-chanteurs de la prison de Königsberg, Beckett ne paraissait ni ennuyé ni dérangé par ces clameurs. Très grand, fragile, aquilin, il était, dans son aspect également, dans sa façon de se mouvoir et de parler, un parfait « étranger », l'impassible occupant d'un temps privé, à peine tangent au nôtre. Il ne serait venu à l'esprit de personne de lui demander une prise de position, une signature de protestation, de lui tendre un micro sur la place publique; mais non plus, d'autre part, de lui reprocher son retrait de poète. Au contraire.

Parmi les innombrables accusations que mérite notre époque, il n'y aura pas celle d'avoir ignoré le charme extramondain de la voix de Beckett, d'avoir méconnu sa difficile, distante grandeur. Dans le prestige, dans l'universel respect qui l'entoure depuis près d'un quart de siècle (depuis qu'*En attendant Godot* fut joué pour la première fois sur une minuscule scène parisienne aujourd'hui disparue), il faut peut-être bien voir, avec le recul, une espèce de gratitude envers qui a résisté aux tentations de l'éphémère, envers qui ne s'est pas laissé prendre par la contingence.

Notre époque brûle tout avec une rapidité sans pitié. Un ami français qui participa avec passion, et non sans risque, aux turbulences liées à la libération de l'Algérie nous raconte, de retour d'Alger, de mélancoliques histoires de cette ville désormais paisible. Les jeunes et très jeunes enfants des héros, des torturés, des poseurs de bombes, des vétérans du désert, pensent aujourd'hui aux motocyclettes japonaises, aux jeans américains d'origine, à la fuite vers Paris et à rien d'autre. Ils constituent près de quarante pour cent de la population et leur parler de Massu et de la bataille d'Alger c'est comme parler à un jeune Français de von Moltke ou de la Marne. Les souvenirs des « vieux » les ennuient, les actions d'un hier tout proche sont déjà, pour eux, poussiéreuses, insignifiantes. Aucune véritable tradition d'héroïsme, de fierté nationale et civique, n'a pu se former, se transmettre d'une génération à l'autre, nous dit notre ami, déprimé; aucun mythe révolutionnaire n'est plus en mesure d'enflammer l'imagination et l'enthousiasme de ces héritiers de la libération. Et ce qui effraie, surtout, c'est qu'un changement aussi complet de climat, pour lequel, autrefois, il aurait fallu des décennies de lents ajustements et de transformations, se soit produit en quelques années, à une vitesse foudroyante.

Mais comment cela? En un instant tout est déjà oublié?

Eh oui. Tout est déjà oublié. En un instant.

On peut considérer Samuel Beckett comme celui qui ne s'effraie pas, ne s'égare pas, parce que sur cet instant, sur l'atroce et inéluctable passage de cet instant (d'un instant quelconque) il n'a jamais cessé de travailler. Des fenêtres de sa maison, il a continué à regarder le mur gris de la Santé, à écouter d'une seule oreille d'autres chants, d'autres gens engagés, sans se laisser distraire par les va-et-vient de la chronique et de l'histoire. L'oubli est tombé sur l'OAS, de Gaulle est mort, d'amers nuages fitzgeraldiens s'accumulent au-dessus des protagnonistes du mois de Mai. Et le dogme de la dictature du prolétariat a été mis de côté. Tout passe.

On est alors reconnaissant à ces nobles animaux en voie (va savoir)? d'extinction que sont les artistes solitaires qui, de leurs orbites autour de la Terre, s'obstinent encore à nous envoyer des signaux immuables et raréfiés. Tout passe. La vie de chacun n'est qu'une énigme mineure, qu'un bref et douloureux pastis. Tout ce que nous faisons n'est qu'un pathétique expédient pour tenir éloigné le vide, le non-sens, la vanité ultime des choses.

Au milieu des arrogantes et vaines sollicitations de l'actuel, contre les assauts hystériques de l'immédiat, il faut bien que quelqu'un tienne bon dans les vieilles tranchées de la poésie inconditionnelle, ne reconnaissant d'autres exigences ni ne se donnant d'autres règles que les siennes.

La dernière comédie de Beckett est intitulée *That time (Cette fois-là),* et dure environ une demi-heure. Elle n'a qu'un seul personnage, qui n'ouvre jamais la bouche. Sur la scène, entièrement dans l'obscurité, apparaît le visage d'un vieillard, aux cheveux blancs qui lui font comme une auréole, dont la voix, enregistrée sur trois tonalités différentes, parle de trois points distincts, A, B et C.

Le vieillard (ses trois voix) se rappelle de menus épisodes du passé, toujours les mêmes, qui se répètent, s'enrichissent, se précisent, s'enchevêtrent, se confondent et s'estompent selon la technique musicale de la fugue. Mais ces images absolument banales et absolument uniques (un jardin plein d'orties visité pendant l'enfance et revisité à un âge plus avancé; un musée plein de vieilles croûtes; un champ de blé sous le soleil avec une jeune fille; un rat mort qui flotte sur la rivière; une colline d'où les rails du tram ont disparu), ces fragments, tellement semblables aux souvenirs de chacun, ne sont qu'en apparence une proposition nostalgique. Le vieillard remue tous ces détails, poussé non tant par des abandons évocateurs mais par la volonté, par le besoin fébrile de repêcher au milieu de tout cela le souvenir décisif, définitif, la fois où quelque chose de suprêmement important est advenu. Mais quoi? Et quelle fois?

De A, de B et de C monte une litanie ressassée et obsessionnelle, où reviennent les orties du jardin, le champ de blé, les rails; dans le ciel repasse un planeur, dans la rivière repasse le rat – peut-être est-ce un oiseau? – mort, et le vieillard, comme un astronaute qui voit s'accélérer autour de lui le tourbillon des constellations, est pris par une sensation croissante de vertige.

Il y a eu (il le sait, le répète) un fait évasif et fatal, un mystérieux tournant qu'il suffirait de repérer pour tout comprendre. Mais quand était-ce? Cette fois-là ou cette autre, ou cette autre encore?

A, B et C parlent à un rythme de plus en plus soutenu, se précipitent vers la découverte désormais inévitable : le vieillard est mort, cette fois suprême qu'il a désespérément cherchée est l'instant où le suaire est finalement tombé sur lui, le vide l'a finalement emporté.

Sur la maestria et le génie formel de ce monologue (qui remet à leur place les nombreux, et pas toujours méprisables, imitateurs de Beckett) il est à peine nécessaire de s'attarder. Quant au protagoniste, il s'agit, à première vue, du clochard décrépit habituel qui est la contribution la plus connue et la plus voyante de Beckett à la littérature théâtrale.

Mais le vieillard baveux et répugnant, engoncé dans un pardessus « à l'épreuve des trous », trempé de pluie et chargé de passé, semble parler ici avec un accent nouveau. Son anxiété est moins comique, son état de confusion moins grotesque, son *tour de force* mnémonique sonne plus déchirant, plus urgent. Les lueurs d'ironie se sont en grande partie éteintes, tandis qu'une extraordinaire tension lyrique s'est emparée de ce « masque » désormais classique; comme si Beckett, après en avoir eu l'intuition, l'avoir modelé et admirablement perfectionné pendant des années et des années, d'œuvre en œuvre, s'était peu à peu approché de sa fiction au point de coïncider directement avec elle et de l'accepter comme instrument de confession, comme véhicule d'un poème de congé.

A Londres, depuis quelques semaines, on rejoue toutes les comédies de Beckett. C'est une espèce de grand jubilé, auquel participent en même temps divers théâtres et qui culminera le soir du 20 mai au Royal Court Theatre. La police fouillera les sacs des dames, fera passer les hommes devant le *metal detector* (parce que d'autres personnages, irlandais comme l'auteur, s'agitent) puis tous s'assoiront et assisteront à la première mondiale de *That time*, qui a été écrit pour l'occasion.

Samuel Beckett a soixante-dix ans.

LE PAS DE MONSIEUR TESTE

« JE ne l'ai jamais vu que la nuit. Une fois dans une sorte de b...; souvent au théâtre. On m'a dit qu'il vivait de médiocres opérations à la Bourse. Il prenait ses repas dans un petit restaurant de la rue Vivienne... Parfois, il s'accordait ailleurs un repas lent et fin... Il avait peut-être quarante ans. Sa parole était extraordinairement rapide, et sa voix sourde... Il avait les épaules militaires, et le pas d'une régularité qui étonnait. Quand il parlait, il ne levait jamais un bras ni un doigt; il avait *tué la marionnette.* Il ne souriait pas, ne disait ni bonjour ni bonsoir... M. Teste n'avait pas d'opinions... Jamais il ne riait, jamais un air de malheur sur son visage. Il haïssait la mélancolie... Un grand nombre de mots étaient bannis de son discours... A ce qu'il disait, il n'y avait rien à répondre. »

En petit tirage, selon son style, le vieux Teste est de retour; derrière une discrète couverture aux couleurs estompées, le voici à nouveau, mince, cristallin et indestuctible, malgré tout. Depuis plus de dix ans il était absent de nos librairies, des rues de nos villes remplies de marionnettes, et nous avions presque perdu espoir de le revoir.

Au vrai, depuis 1894, année où il avait commencé à circuler, il avait été mis de côté, ignoré, enterré, oublié, donné pour mort à Dieu sait combien de reprises. Mais cette fois-ci c'était pire; cette fois il était vraiment fini, hors de combat. Comme jamais auparavant, les rues, les théâtres, les amphis, les rayons des bibliothèques étaient bourrés de Tarzans de la culture, stéréo-philosophes, maîtres-penseurs à gaz liquide et idéologues à mousse contrôlée; il n'y avait plus de place pour une épingle.

Et pourtant revoici Teste, avec son épingle à cravate en platine. Il est réédité par le « Saggiatore » pour inaugurer une nouvelle collection de textes brefs. Franchement, nous ne savons pas quel sort souhaiter à ce petit livre. Peut-être conviendrait-il, par prudence, de n'en pas parler, de tenir le plus possible la chose secrète. La vulgarité, l'impudeur, l'activisme barbare dans lesquels est tombée la république des arts et des lettres, autorisent les pires hypothèses, y compris celle d'un bruyant retour à la mode. Voilà un demi-siècle, Valéry remarquait déjà que certaines personnes auraient eu le devoir de *se sentir mal à l'aise* avec lui, et il s'étonnait que cela ne se produisît pas. Mais au point où nous en sommes, un conseil municipal quelconque peut décider d'organiser les vingt-quatre heures de Monsieur Teste avec dégustation de spaghetti à minuit. Une maison de production quelconque peut monter, pour la télévision, un Monsieur Teste (Jean-Paul Belmondo) en douze épisodes. Rien n'arrête, rien n'effraye la bestialité des massacreurs et des pillards; leur insouciance les met à l'abri de n'importe quel malaise.

Mais peut-être nos craintes sont-elles excessives. Teste n'a jamais été un héros populaire, un mythe d'accès facile, même du vivant de Valéry. Quand ce dernier mourut, en 1945, Borges écrivit : « Valéry a créé Edmond Teste : ce personnage serait un des mythes de ce siècle si tous, intimement, ne le considéraient comme un pur *Doppelgänger* de Valéry. Pour nous, Valéry est Edmond Teste. »

Toutefois, de nos jours, l'identité entre Teste et son auteur apparaît comme un accident mineur, un obstacle négligeable. Par rapport à d'autres héros singeables de la littérature, de Werther à des Esseintes, de D'Annunzio à Hemingway, Teste a, tout au plus, le désavantage d'être un « modèle » complètement intérieur, d'apparence fanatiquement banale – « analogue au *point quelconque* des théorèmes » – qui, au lieu de la voie des armes, des amours et des parfums, suit la discipline abrupte et concentrique de l'intelligence.

En Italie, à Paris, à Londres, vivent encore des gens qui eurent l'occasion de connaître Valéry et qui ont conservé de lui une image d'élégance, d'affabilité, de simplicité amicale, de parfaite courtoisie mondaine. Il recevait et voyait beaucoup de monde, il se prêtait aimablement aux célébrations, aux inaugurations, aux discours de circonstance. Il ne refusa pas le siège, le bicorne, l'épée de l'Académie française, ni les divans des *salons* à la mode.

Mais on a aussi dit de lui qu'il était inhumain, de glace, un Robespierre de la littérature, un ascète, un monstre. André Gide, qui le fréquentait et l'admirait depuis son adolescence, nous en laisse un portrait alarmant. Son *journal* abonde en remarques de cette teneur : « Paul m'invite à dîner. Rentré très tard, épuisé. » « Après-midi avec P.V. Longue conversation, qui me laisse fourbu. » « Plaisir intense de revoir V., pendant deux heures, entre deux trains. Mais je repars brisé, la tête en feu. »

Le *charme* légendaire de Valéry n'était qu'une apparence, un imperméable jeté avec négligence sur les épaules, un visage apprêté « pour rencontrer les visages que l'on rencontre ». Derrière, et ses intimes le savaient bien, n'était jamais absent un profil d'acier, une ombre sans sourire, un Mr. Hyde, un double, un témoin attentif, tranchant, implacable. Monsieur Teste, justement.

Qu'est-ce que *Monsieur Teste*, ce petit livre ardu ? C'est l'histoire d'une rencontre, d'une soirée au théâtre, d'une promenade jusqu'à un logement « pur et banal », d'une brève conversation. Quelques pages, quelques signes, très nets et infiniment fuyants, pour circonscrire ce que le jeune Valéry voulait être et s'efforça d'être sa vie durant. (« Teste est mon épouvantail, écrit-il des années après, quand je me comporte mal je pense à lui »). Une flèche de signalisation. Une limite. L'ébauche d'une géométrie. Ou encore, pour utiliser un terme de 1894, un idéal.

Valéry aurait pu être un grand scientifique, un grand joueur d'échecs, un grand banquier, un grand musicien. Au lieu de cela, il s'est choisi lui-même comme terrain de concentration absolue. Non pas, bien entendu, à la façon des romantiques, poussé par une conception avantageuse, exaltée, de son propre « moi ». Au contraire, cet individualiste suprême s'est toujours considéré comme un « cobaye » de laboratoire, mis par le hasard à la disposition de ses analyses. « Il faut pénétrer en soi-même armé jusqu'aux dents », dit Teste.

Nous sommes aux antipodes de la « crise d'identité » si répandue de nos jours parmi les ménagères inquiètes, étudiants prolongés, cadres confirmés et autres révolutionnaires en déroute. Le « privé » de Valéry est nu, austère, à mi-chemin entre la cellule d'un chartreux et la chambre de décompression d'un astronef. Il s'y déplaçait comme un étranger : ce qui l'intéressait dans son esprit, sa conscience, sa sensibilité, c'était le *fonctionnement*, l'activité imperceptible mais incessante, les sauts, les écarts, les vides, les croûtes, les fissures, les explosions. Il se définissait comme un Robinson de la pensée : il s'était retrouvé sur cette île et se proposait de l'explorer, de la cataloguer, de la cultiver, de la dominer de fond en comble, dans ses moindres anfractuosités. On peut lire *Monsieur Teste* comme son programme de naufragé qui décide de retrousser ses manches et de s'arranger avec ce qu'il a sous la main. A l'évidence, il ne s'agit pas d'un programme imitable, et nous ne saurions réitérer cette grandiose et obsédante expérience sur nos pauvres îles de carte postale. Mystique sans Dieu, Narcisse armé d'un microscope, détective métaphysicien descendant « d'Edgar Allan Poe et du Dieu inconcevable des théologiens », Valéry n'est certainement pas ce que les charlatans de l'engagement appellent encore aujourd'hui « une alternative valable ».

Pourtant, il fut témoin de l'*affaire* Dreyfus, de deux guerres mondiales, du nazisme, du stalinisme, il supporta, comme d'autres, l'idiotie et la brutalité de l'époque; il commerça avec le siècle; comme d'autres il fut tenté de se laisser aller, de céder à la facilité, au flou, au viscéral, à la fascination, à l'enthousiasme.

« D'aucuns m'ont fait des compliments sur mon intelligence, écrivit-il. Vous ne savez pas combien coûte une chose comme ça; combien on y gagne peu. Une très mauvaise affaire. »

Il aurait pu être un Sartre, un Marcuse quelconque, un quelconque des mille bavards assoiffés de prosélytes. Il préféra, avec une rigueur dédaigneuse, « proposer aux hommes la lucidité dans une époque bassement romantique ». Il nous laisse, poursuit Borges, « le symbole d'un homme infiniment sensible à chaque fait, pour lequel chaque fait est une stimulation qui peut susciter une série infinie de pensées... d'un homme qui, dans un siècle qui adore les idoles chaotiques du sang, de la terre et de la passion, préféra toujours les plaisirs lucides de la pensée et les aventures secrètes de l'ordre ».

Monsieur Teste n'est pas un symbole commode, un héros triomphant que l'on peut suivre en rangs, en entonnant des slogans. En un certain sens, il a toujours été vaincu. Mais à intervalles assez longs, quand les trottoirs hurlants se sont momentanément vidés, on peut toujours, si on le désire, entendre son pas nocturne, régulier, imperturbablement solitaire.

Dans Le Livre de Poche

Extraits du catalogue

Michelle Clément-Mainard

La Fourche à loup 6604

Marie Therville n'a que huit ans quand son père la place comme bergère dans une ferme de Gâtine à la Saint-Michel 1844. Haïe par sa famille, cette petite fille n'a guère connu que la pauvreté et la violence les plus extrêmes. Vive et décidée, elle gagne rapidement l'affection de tous les gens de la ferme. Et même leur admiration lorsqu'elle ose se battre avec un loup à l'âge de neuf ans.

Marie découvre un bonheur de vie qu'elle n'aurait jamais imaginé autrefois parmi les siens, qui l'ont abandonnée si facilement. Pourquoi cet abandon ? Le livre nous en dévoile la raison à travers un personnage étrange surgi dans la région un demi-siècle plus tôt : Jean Therville, son grand-père. Ce révolutionnaire excentrique a ruiné la famille et semé des légendes, laissant derrière lui un héritage dont Marie ne soupçonne pas le poids dans son propre destin.

La Fourche à loup nous révèle l'équilibre précaire d'un monde paysan où les saisons et la misère font la loi. Les secrets et les passions qui habitent les êtres viennent rompre cet ordre.

Antonine Maillet

Pélagie-la-Charrette 5496

Antonine Maillet est à l'Acadie ce que Jean Giono fut à la Provence et Ramuz au Valais. Son originalité reste cependant entière. Femme, elle a choisi de dire à travers des femmes l'histoire d'un peuple écorché vif, assommé, taillé à merci, et toujours renaissant.

Jacques Cellard, *Le Monde*

Ceux qui vont lire *Pélagie-la-Charrette*, où la romancière raconte superbement l'exode et l'épopée de ces « boat people » du XVIIIe siècle, en sauront bien davantage encore sur ces cousins d'Amérique oubliés depuis trois cents ans.

Matthieu Galey, *L'Express*

Pélagie-la-Charrette, cet immense tableau de maître qui n'est autre que la peinture d'un peuple tout entier.

... Avec cette femme venue de l'autre côté de l'Atlantique, la littérature a un goût de fête. Merci, Antonine Maillet, d'exister.

Jérôme Garcin, *Les Nouvelles littéraires*

Pélagie-la-Charrette a obtenu le Prix Goncourt

Antonine Maillet

La Gribouille 5918

1880. Dans cette Acadie lointaine qui s'éveille de son long sommeil colonial, Pélagie-la-Gribouille est un personnage. Epoux, enfants, cousins, parentèle, il n'est pas un habitant du Fond-de-la-Baie sur qui elle ne règne avec l'autorité qu'elle tient sans doute de son aïeule, l'héroïne légendaire du Grand Dérangement. Mais il suffit que débarquent un Jérôme-le-Menteux, ou le mystérieux Renaud à la jambe de bois, un Français de France, pour que Pélagie et les siens soient emportés vers d'étranges aventures maritimes et sentimentales, doublées d'une course au trésor fertile en réjouissantes surprises...

Après *Pélagie-la-Charrette*, Prix Goncourt 1979, Antonine Maillet nous donne avec *La Gribouille* un roman-chronique d'une force extraordinaire, qui fait revivre tout un monde foisonnant, facétieux, babillard, gai comme la vie, simple comme la terre, et vrai, et jeune, comme nous ne savons plus l'être dans les « vieux pays ».

Catherine Paysan

La Colline d'en face 6639

L'automne de nos six ans. De la cour d'école à la première salle de classe, c'est un déchirement. Il a fallu abandonner la liberté des courses folles dans les bois et les champs, tout le merveilleux de l'enfance. Même si vous vous appelez « Annie Roulette, d'Aulaines », *alias* Catherine Paysan, et que l'institutrice, la belle obèse à la voix d'or, est votre mère, il faut vous plier à la règle.

Depuis l'entrée au cours primaire jusqu'à sa première communion, on suit l'auteur : on entre dans sa famille, son milieu; on la voit, myope, découvrir le monde grâce à sa première paire de lunettes, apprendre à lire et à écrire avec sérieux et voracité, voyager avec ses parents jusqu'au Mans, en Mona (Renault achetée après moult sacrifices).

Tout le passé enfoui dans la mémoire resurgit grâce au talent de conteuse et à l'art d'écrivain de Catherine Paysan, dans une langue rythmée, musicale, attentive aux arbres, aux rivières... et à la colline d'en face, qui borne l'horizon de l'enfant, mais promet l'avenir.

La Colline d'en face : un remarquable tableau des mœurs en milieu agreste entre les deux guerres.

Georges Walter

Faubourg des Amériques 6543

La nuit du 6 septembre 1620, dans la brume et la discrétion, un trois-mâts ventru quitte le port de Plymouth avec cent deux passagers à bord. Le navire s'appelle le *Mayflower...* L'aventure prodigieuse de ce voyage reste ignorée, et le narrateur, qui vit dans l'étrange faubourg à demi détruit d'une moderne Métropolis, rêve d'en faire un film à grand spectacle. Déjà il projette sur l'écran de son imagination l'odyssée grandiose qu'il en a tirée, mêlant à la traversée des premiers émigrants puritains, des instantanés de l'Amérique de Howard Hughes, ainsi que le reflet de son humble et très mystérieuse existence.

Introduit dans son rêve, on découvre les drames, les angoisses, les divisions qu'engendre une traversée de soixante-six jours dans des conditions que seules la foi ou la misère permettent d'endurer; on vit les épidémies, la promiscuité, la tempête et les tentatives de mutinerie, fermement dominées par le groupe des « Saints », qui se savent les élus de Dieu. Singulier récit d'aventures, le roman de Georges Walter conjuge en une même vision l'épopée messianique des origines avec l'Amérique triomphante sous le délire de ses confetti.

Salman Rushdie

Les Enfants de minuit *biblio* 3122

« Je suis né dans la maternité du docteur Narlikar, le 15 août 1947. (...) Il faut tout dire : à l'instant précis où l'Inde accédait à l'indépendance, j'ai dégringolé dans le monde. Il y avait des halètements. Et, dehors, de l'autre côté de la fenêtre, des feux d'artifice et la foule. Quelques secondes plus tard, mon père se cassa le gros orteil; mais cet incident ne fut qu'une vétille comparé à ce qui m'était arrivé, dans cet instant nocturne, parce que grâce à la tyrannie occulte des horloges affables et accueillantes, j'avais été mystérieusement enchaîné à l'histoire, et mon destin indissolublement lié à celui de mon pays. (...) Moi, Saleem Sinai, appelé successivement par la suite Morve-au-Nez, Bouille-sale, Déplumé, Renifleux, Bouddha et même Quartier-de-Lune, je fus étroitement mêlé au destin — dans le meilleur des cas, un type d'implication très dangereux. Et, à l'époque, je ne pouvais même pas me moucher. »

Saga baroque et burlesque qui se déroule au cœur de l'Inde moderne, mais aussi pamphlet politique impitoyable, Les Enfants de minuit *est le livre le plus réussi et le plus attachant de Salman Rushdie. Traduit en quinze langues, il a reçu en 1981 le* Booker Prize.

Charles Le Quintrec

Chanticoq 6583

Chassé par sa mère, Yann rencontre Maljean et décide de le suivre. Commence une aventure douloureuse et bouleversante dans une Bretagne encore plongée dans le drame de la séparation de l'Eglise et de l'Etat et de ce qu'on a appelé les Inventaires.

Les longs chemins de Yann et Maljean, de La Jatte et de Marité, de Jeanne-Thérèse et de ses deux enfants sont ceux de la pauvreté alors partout répandue, de la joie de vivre malgré tout, de l'amour qui ne savait pas toujours s'exprimer et de la mort. Ici, les passions sont le ressort même d'une quête qui ressemble à une terrible initiation.

C'est toute une époque que Charles Le Quintrec fait revivre à travers des personnages émouvants, vrais, d'un charme prenant ou d'une truculence folle qui collent à une terre qui ne saurait mentir.

Kenizé Mourad

De la part de la princesse morte 6565

« Ceci est l'histoire de ma mère, la princesse Selma, née dans un palais d'Istamboul... »

Ce pourrait être le début d'un conte; c'est une histoire authentique qui commence en 1918 à la cour du dernier sultan de l'Empire ottoman.

Selma a sept ans quand elle voit s'écrouler cet empire. Condamnée à l'exil, la famille impériale s'installe au Liban. Selma, qui a perdu à la fois son pays et son père, y sera « la princesse aux bas reprisés ».

C'est à Beyrouth qu'elle grandira et rencontrera son premier amour, un jeune chef druze; amour tôt brisé. Selma acceptera alors d'épouser un raja indien qu'elle n'a jamais vu. Aux Indes, elle vivra les fastes des maharajas, les derniers jours de l'Empire britannique et la lutte pour l'indépendance. Mais là, comme au Liban, elle reste « l'étrangère » et elle finira par s'enfuir à Paris où elle trouvera enfin le véritable amour. La guerre l'en séparera et elle mourra dans la misère, à vingt-neuf ans, après avoir donné naissance à une fille : l'auteur de ce récit.

Grand Prix littéraire des lectrices de « Elle » 1988.

Saul Bellow

L'Hiver du Doyen 6643

Albert Corde, doyen d'une université de Chicago, et sa femme Minna, astrophysicienne de réputation internationale, Roumaine passée à l'Ouest, se trouvent bloqués en hiver à Bucarest où la mère de Minna, médecin-psychiatre, ex-ministre de la Santé, se meurt à l'hôpital...

En juxtaposant Bucarest, sinistre, oppressante et Chicago, violente et décadente, Bellow met en lumière les deux pôles entre lesquels oscille le monde moderne : la bureaucratie barbare d'un Etat policier et l'anarchie d'une « société de plaisir », qui ne supporte pas de reconnaître les monstruosités qui la gangrènent.

Mais comme toujours dans les romans de Bellow, prix Nobel de littérature, les tribulations du héros, à la fois angoissantes et comiques, sont traitées avec cet humour qui souligne la relativité des choses.

IMPRIMÉ EN FRANCE PAR BRODARD ET TAUPIN
Usine de La Flèche (Sarthe).
LIBRAIRIE GÉNÉRALE FRANÇAISE - 6, rue Pierre-Sarrazin - 75006 Paris.

ISBN : 2 - 253 - 05280 - 9 30/6756/8